I0023336

Alban Horn

Gott grüß die Kunst!

Erstes Reise-Taschenbuch für die Buchdrucker in Deutschland, Österreich und der

Schweiz

Alban Horn

Gott grüß die Kunst!
Erstes Reise-Taschenbuch für die Buchdrucker in Deutschland, Österreich und der Schweiz

ISBN/EAN: 9783742868770

Hergestellt in Europa, USA, Kanada, Australien, Japan

Cover: Foto ©Thomas Meinert / pixelio.de

Manufactured and distributed by brebook publishing software
(www.brebook.com)

Alban Horn

Gott grüß die Kunst!

Gott grüß' die Kunst!

—•—

Erstes

Reise-Taschen-Buch

für die

Buchdrucker

in

Deutschland, Oesterreich und der Schweiz.

———

Herausgegeben von **Alban Horn**

(Verbands-Mitglied).

—•—

Zittau.
Selbstverlag des Herausgebers.
Druck von R. Menzel
1870.

Vorwort.

Da von fast allen Seiten die Herausgabe eines „Reise-Taschen-Buches" für Buchdrucker" als längst gefühltes Bedürfniß begrüßt wurde, gab ich mir alle Mühe, dasselbe meinen werthen Collegen auch als ein „Vollständiges" in die Hände geben zu können. Wie sehr mir dieses gelungen, werden meine Freunde wohl bald errathen. Dank denen, welche mir durch Zusendung der erbetenen Notizen halfen, dieses Buch zu Stande zu bringen.

Infolge der wohl fast alljährlich vorkommenden Veränderungen der auf die Fragen 1—4 (f. nächste S.) gegebenen Notizen werde ich nach Verlauf eines Zeitraumes von zwei Jahren eine zweite Ausgabe dieses Buches mit vollständig neuem II. Theile veranstalten und erlaube mir deshalb alle Collegen, welche auf ihrer Reise in solche Städte kommen, die in diesem Buche nicht verzeichnet, sich die Notizen 1—5 anmerken und mir dann seiner Zeit gefälligst zusenden zu wollen, damit die zweite Ausgabe der Vollständigkeit näher kommen möge als die erste, wofür ich dann ebenfalls nicht unterlassen werde, den betr. gefälligen Collegen meinen Dank dafür durch Zusendung eines Frei-Exemplars zu geben.

1*

Um so viel als möglich den Raum zu sparen, habe ich es unterlassen, die Fragen nach Anführung jedes Ortsnamens zu wiederholen, ich habe demnach nur die mir gegebenen Antworten, und zwar nur in seltenen Fällen etwas verändert, wiedergegeben:

sub 1) ist die Antwort auf die Frage: **Welcher Gasthof in Ihrem Orte ist reisenden Collegen zu emfehlen?**

sub 2): **In welcher Druckerei wird der Zettel zum Einholen des Viaticums gegeben?**

sub 3): **Wie viel wird dem Reisenden z. B. Viaticum gewährt?**

sub 4): **Wie ist, Herr Orts-Vorstand, Ihre Adresse?**

sub 5): **Was für Sehenswerthes im Orte oder dessen Nähe können Sie reisenden Collegen empfehlen?**

Mit dem Wunsche, daß der erste Theil dieses Buches allen Collegen ein wahrheitsgetreuer Rathgeber und der zweite Theil ein thätiger Kampfgenosse gegen die Langeweile sein möge, schließe ich meine Vorrede mit unserm schönen Wandergruße: „Gott grüß' die Kunst!"

Zittau, 15. August 1870.

Alban Horn.

I. Theil.

Notizen für Buchdrucker

in der „Fremde".

Allenstein (Ostpr.): 1) Carl's Hôtel. 3) Das Viaticum wird für diesen Ort mit in Königsberg ge=zahlt. 5) Das alte Ritterschloß und die kath. Kirche.

Altenburg: 1) Wiesner, Kesselgasse (Wolfs=schlucht). 2) Hofbuchdruckerei. 3) Kommt auf die Reisewochen an von 7½ bis 15 Sgr. an Verbands=mitglieder, Nichtverbandsmitglieder 2½ Sgr. 4) August Bräutigam, zugleich Vorstand des Osterländischen Gau=verbands. 5) Schloßgarten; Schloß mit Rüstkammer, Lindnauisches Museum in der Neustadt; der große Damm oder Teich und das Plateau.

Altötting (Baiern): 1) Absmayer "Zur alten Post". 2) J. Lutzenberger's Buchdruckerei, die einzige im Orte. 3) 24 Kreuzer. 4) Alois Reithinger, Factor. 5) Die heil. Capelle und die Schatzkammer, das Grab des Generals Tilly.

Amberg: 1) Gasthaus "Zur goldenen Krone". 2) Pustet'sche Buchdruckerei, Georgenstraße. 3) 18 Kr. 4) Wilhelm Hollenstein, v. Train'sche Buchdruckerei. 5) Der Maria=Hilfsberg mit prachtvoller Franciscaner=kirche; das k. Bergwerk; bedeutende Porcellan=Fabrik; das Max=Monument in der Promenade; das Malthefer=Gebäude mit der schönen Georgskirche, Gymnasium und großer Brauerei; schöne neue Infanterie=Kaserne an der Promenade; schöne Promenade, die ganze Stadt einschließend, mit hübschen neuen Anlagen.

Ansbach: 1) Gasthaus "Zum Tannenbaum", "Schwarzen Bock" und Koderer'sche Gastwirthschaft. 2) Viaticum wird in jeder Druckerei gezahlt. 3) In der Brügel'schen Officin 30 Kreuzer, in der Junge'schen Officin 9 Kreuzer. 4) Felix Reider in der C. Brügel'schen Officin. 5) Das königl. Schloß; vor demselben das Platen=Denkmal; der kgl. Schloßgarten mit dem Denkmal vom Dichter Uz und Caspar Hauser, deren Grabdenkmale im Kirchhof; die Stiftskirche und deren durchbrochenen Thurm; die Fürstengruft der Markgrafen von Ansbach dahier; 5½ St. von hier an der Straße nach Nürnberg das Kloster Heilsbronn mit den Grabmonumenten der Ahnen des k. preuß. Hauses.

Apolda: 1) Gasthof zur Linde. 2) Teubner's Buchdr., die einzige daselbst. 3) 3 Sgr. 4) H. Blume.

Arnsberg: 1) Schumacher, am alten Markt, allgemeiner Fremden=Verkehr oder Herberge bei Köhler auf der Soester= oder Neuenstraße. 2) In jeder Druckerei wird Viaticum gezahlt. 3) In jeder Druckerei 5 Sgr. 4) Heinrich Finde. 5) Das Eichholz; Promenade; Schloßberg mit seinen Ruinen (ehemaliger Sitz der Grafen von Arnsberg, durch das damalige Vehmgericht berühmt).

Arnstadt: 1) „Zum Schwan", für Unbemittelte „Deutscher Michel". 2) Nur eine Druckerei im Orte. 3) 2½ Sgr. 5) Arnstadt ist Badeort und hat eine höchst anmuthige Umgebung. Wohnort der Marlitt. Zu empfehlen ist der Besuch der: Eremitage mit der Wasserleite, Günthershöhe, Alexis=Ruhe und Bastei, Rößchen (Dorotheenthal) mit der Käfernburg, Schönbrunnen mit Jungfernsprung, die drei Gleichen, wovon die Wachsenburg bewohnt ist.

Augsburg: 1) „Prinz Karl", Jakoberstraße Litr. H. Nr. 16 (Buchdrucker=Verkehr). 2) Wirth'sche Buchdruckerei, Zeuggasse Litr. B. Nr. 205. 3) 42 Kr. 4) Albert Dachert, Reichel'sche Buchdruckerei. 5) Baron v. Cotta'sche Buchdruckerei, Carmelitengasse E. 160/161; Rathhaus mit dem goldenen Saal; Börsengebäude; Schlachthaus; das Fuggerdenkmal; die Residenz am Frohnhof; der Dom; das Zeughaus; die Fresken am

Fuggerhaus in der Maximiliansstraße; die städtischen Wasserwerke und die Brunnen; in der Philippine= Welser = Straße befinden sich die beiden Häuser, in welchen die schöne Philippine Welser (Gemahlin des Erzherzogs Ferdinand von Oesterreich) und die un= glückliche Gemahlin des Herzogs Albrecht von Baiern, Agnes Bernauer, das Licht der Welt erblickten; das neue Krankenhaus; die k. Bildergalerie, jeden Sonntag und Feiertag geöffnet; das Maximilians=Museum, eine Zierde der Stadt; Gewerbehalle; Kunstverein; Stern= warte; Stadtbibliothek; das Palais des Bischofs; das Riedinger Haus. Halten sich Fremde längere Zeit auf, so ist zu empfehlen: Das alte Lueginsland; die Partien nach Siebentisch, Spickel und Ablaß, das Schmutter= thal, Wöllenburg u. s. w.

Aurich (Ostfriesland): 1) Gasthof zum „Nord= deutschen Bunde" bei Diedr. Buß. 2) In jeder ein= zelnen Druckerei wird viaticirt. 3) 10 Sgr. 4) Wilh. Wanke, Tapper'sche Buchdruckerei. 5. Die ostfriesische Landschaft; der Upstallsboom, ½ Stunde entfernt, bei Rahe.

Aussig (Böhmen): 1) Gasthaus „Zum weißen Schwan". 2) Jeder Druckereibesitzer zahlt das Viaticum selbst. 3) 15—20 Kr. ö. W. 5) Die von Carlo Dolce gemalte Madonna in der hiesigen Dekanalkirche; Naturfreunde dürfte die hiesige herrliche Gegend be= sonders interessiren und empfehlen wir den Besuch der Ferdinandshöhe und der Bergruine Schreckenstein.

Aschaffenburg: 1) Gasthaus „Zu den drei Reichskronen". 2) In der A. Wailandt'schen Officin. 3) In der 1. bis 8. Woche 1 fl., in der 9. bis 12. Woche 1 fl. 15 kr., in der 13. bis 16. Woche 1 fl. 30 kr., in der 17. bis 20. Woche 1 fl. 45 kr., in der 20. bis 24. Woche 2 fl. (Anspruch auf Viaticum halbjährig nur ein Mal.) 5) Das Pompeji; die Stiftskirche; der Schön= busch; die Fasanerie; außerhalb der Fasanerie das österr. Denkmal von 1866; das Schloß; zwei Stunden von hier, im Orte Frohnhofen, die vielfachen Grabhügel nebst einem prachtvollen Denkmal der hessen=darm= städter, österr. und preuß. Gefallenen im Jahre 1866.

Baden-Baden: 1) Gasthaus „Zum grünen Baum". 2) Hofbuchdruckerei von J. Hohmann. 3) 18 Kreuzer. 4) C. Bayer, Hofbuchdruckerei. 5) Das Conversations= haus mit der Promenade; die Trinkhalle; das Theater; das neue Schloß (Sommer=Residenz); das alte Schloß (prachtvolle Ruine über der Stadt); die kath. Stifts= kirche; die griechisch=russische Kapelle; die heißen Quellen und das Dampfbad; die Kunsthalle; die neue Turn= halle; das Schützenhaus; ferner in unmittelbarer und nächster Nähe: Die Lichtenthaler Allee; die Felsen; Schloß Eberstein; Schloßruine Ebersteinburg; Merkur; die Ruine Yburg; Jagdhaus; Wasserfall bei Geroldsau ꝛc.

Bamberg: 1) „Brauerei zum Großkopf", Königs= straße. 2) W. Gärtner's Buchdr., zunächst der Ketten= brücke, durch Schriftf. Joh. Rosenhauer. 3) 15 Kr., erhöhtes 21 Kreuzer. 5) Der schöne Hain, Michaels= berg, Altenburg, Kunigundenruhe, das Monument auf dem Domberge, das Naturalienkabinet und die Bilder= galerie auf dem Michaelsberge.

Basel: 1) „Gasthof zur Blume", Schwanengasse Nr. 4, bei der Rheinbrücke. 2) In der Schweig= hauser'schen Dr. 3) 2 Franken. 4) Reinhold Moos (Bonfantini's Dr., Petersgasse Nr. 40). 5) Museum, Münster, Gewerbehalle, Anatomie, die große Fontaine, botanischer Garten, St. Jacobs=Denkmal, Synagoge. Als Speisehaus ist die Baseler Speise=Anstalt sehr zu empfehlen, indem daselbst gegen billigste Berechnung gut gespeiset wird.

Bautzen: 1) Evangelischen: Die Herberge „Zur Heimath", Burglehn Nr. 286; Katholiken: Das Haus des katholischen Gesellenvereins, Gerberstraße Nr. 421. 2) Das Viaticum wird in der Monse'schen Buchdruckerei, innere Lauenstraße Nr. 138, ohne Weiteres verabreicht. 3) 6 Ngr. 4) Bruno Oscar Kuhn, gr. Brüderg. 206.

5) Kathol. Nicolaikirche und Franciscanerkloster, beide
in Ruinen; Domcapitel St. Petri; Schloß Orten-
burg mit Ausfallpforte; städtisches Krankenhaus, in
welchem erkrankte fremde Buchdrucker in Gemäßheit
einer Stiftung freie Verpflegung erhalten; städtisches
Alterthumsmuseum (Custos Buchhändler Roesger);
hinterm Taucherkirchhofe Denkmal zur Erinnerung an
die Schlacht b. B. 1813; bedeutende Eisenbahnbrücke
über die Spree; unter anderen mehrere Papier= und
Pulverfabriken, letztere namentlich im romantischen
Spreethale bei Oehma, dem ehemaligen Standorte des
berühmten Abgottes Flins; eine Stunde entfernt, an
der Chaussee nach Hoyerswerda: Kleinwelka, Colonie
der herrnhutischen Brüdergemeine, mit Glockengießerei;
zwischen Bautzen und Löbau, an der Chaussee, das
durch den „Ueberfall" im siebenjährigen Kriege be=
kannte Hochkirch.

Bayreuth: 1) Der Gasthof „Zum weißen Lamm".
2) Pößl'sche Officin am Schloßplatz. 3) 30 Kr. =
9 Sgr. 4) H. Gleißner, Giesel'sche Officin. 5) Die
„Fantaisie", herzogl. württemb. Lustschloß mit prachtvollen Garten= und Parkanlagen, an der von hier nach
Bamberg führenden Landstraße, 1¼ Stunde von der
Stadt; „Eremitage", königl. bair. Lustschloß mit Wasser=
kunst und Park; Rollwenzel's Haus an der Straße
nach der Eremitage (dort dichtete Jean Paul Richter);
Denkmal König Maximilians II. auf dem alten
Schloßplatz; Denkmal des Markgrafen Christian auf
dem neuen Schloßplatz; Denkmal Jean Paul Friedrich
Richter's und dessen Wohnhaus, beides in der Friedrichs=
straße, dessen Begräbnißstätte im hiesigen Friedhofe; der
königl. Hofgarten; das kgl. Opernhaus; das große Kreis=
Irrenanstalts=Gebäude; außerdem schöne Vergnügungs=
plätze in der Umgebung der Stadt.

Bergedorf: 1) Gasthof „Zu Sande". 3) Unter
6 Wochen 5 Schillinge, über 6 Wochen 8 Schill.
4) H. Holdhusen. 5) Das dicht beim Orte belegene Ge=

hölz mit prachtvollen Fernsichten; das alte Raubschloß, jetzt Amtsverwalterswohnung.

Berlin: 1) „Deutscher Verkehr", alte Jakobs=Straße 66. 2) Buchdruckerei der Vossischen Zeitung, Breitestraße 8. 3) 1⅓ Thlr., wenn länger als 6 Wochen auf der Reise 2 Thlr. 4) B. Pape, Linden=straße 107, I. 5) Altes u. Neues Museum, Königl. Schloß, Opernhaus, Thiergarten, Zoologischer Garten, Aquarium ꝛc. (Mehrere hiesige Zeitungen, „Fremden= und Anzeigeblatt", „Berliner Fremdenführer" ꝛc., die in jedem Bier=Locale ausliegen, bringen das Sehens=werthe, resp. tägl. Besuche, in geordneter Aufführung.)

Boizenburg: 1) „Deutsches Haus". 2) Nur eine Druckerei (C. Herold's) im Orte. 3) 2½ Sgr. von Emil Schuricht, Factor. 5) Den Kreuzberg.

Bonn: 1) Herberge „Zur Heimath", hinterm Münster. 2) In der Neusser'schen Buchdruckerei an Hof (Bonner Zeitung). 3) 10 Sgr. 4) Johann Klodt, Georgi's Buchdruckerei, Vierecks=Platz Nr. 4. 5) Münsterkirche, mit einem schönen Standbilde der h. Helena aus Erz und einer unter der Kirche befindlichen Krypta; Beethovenmonument auf dem Münsterplatz; Arndtmonument auf dem alten Zoll, von wo eine aus=gezeichnete Aussicht auf den Rhein u. das Siebengebirge; Pyramide auf dem Marktplatz; Universitätsgebäude und Schloß Clemensruhe zu Poppelsdorf mit ihren aus=gezeichneten Naturalien=, Münz= und Gypscabineten oder =Sammlungen; der Kreuzberg mit wunderschönen Stationen und einer prächtigen Kirche, in der eine sog. heil. Treppe aus Marmor, in welcher auf jeder Stufe Reliquien eingemauert sind und die man nur auf den Knieen heraufrutscht; die Doppelkirche zu Schwarz=Rheindorf, älteste Kirche des Rheinlandes, berühmt durch ihre schönen, alten Freskogemälde und ihre präch=tige Bauart; der Kirchhof, auf welchem prachtvolle Denk=male, u. a. das von Arndt, Dahlmann, Niebuhr, Schlegel, Bunsen, Nasse, Schopen, Rehfues, Charlotte

Lengsfeld (Schiller's Lotte) und ihres Sohnes Friedrich
und noch viele andere.

Brandenburg: 1) Das evangelische Vereinshaus,
Hauptstraße Nr. 50. 2) J. Wiesike'sche Buchdruckerei,
Kurstraße Nr. 7. 3) 5 Sgr. 4) J. Fink, Wiesike'sche
Buchdruckerei. 5) Von den 6 Kirchen ist der Dom
die sehenswertheste; das Rathhaus mit der Roland-
säule; die Ritterakademie; der Marienberg, welcher eine
reizende Fernsicht über die ganze Stadt und Umgegend
gewährt und der schöne Concertgarten, „Ahlert's Berg",
mit dem Sommertheater und Concertsalon.

Braunsberg (Ostpr.): Gastwirth Menzel, Neustadt. 3) 6 Sgr. 4) Dittrich. 5) 1½ Meilen von
hier der berühmte Frauenburger Dom, wo Kopernikus,
der berühmte Astronom, lebte.

Braunschweig: 1) Bairischer Hof (Oelschläger).
2) Friedr. Viehweg & Sohn. 3) 15 Sgr. 4) L. Irmisch,
Sievers'sche Druckerei, Poststraße. 5) Löwen-Denkmal,
err. v. Heinr. d. Löwen; Lessing-Denkmal; Denkmal
für die bei Jena resp. Waterloo gefallenen Herzöge
Karl Wilh. Ferdinand und Friedr. Wilhelm; Schill-
Denkmal und -Capelle (Begräbniß von Schill's Kopf
und den hier erschossenen Officieren); Denkmal zum
Andenken an das Gefecht bei Oelper; Lessing's Sterbe-
haus a. d. Egydienmarkt, sein Grab a. d. Magni-Kirch-
hof; Gauß's Geburtshaus a. d. Wilhelmsstr.; Haus
des Eulenspiegel und dessen Statue im Flohwinkel;
die Domkirche mit der Welfengruft (Heinrich d. Löwe,
Leopold, Karl Wilh. Ferdinand, Friedrich Wilhelm);
Andreaskirche mit 318 F. h. Thurm; Martinikirche;
Catharinenkirche; Altstadt; Rathhaus; Altstadtmarkt-
Brunnen; herzogl. Schloß mit dem Viergespann; Hof-
Theater; herzogl. Museum; städtisches Museum.

Bremen: 1) „Zur Heimath", Ansgariikirchhof.
2) Buchdruckerei von C. Schünemann, zweite Schlacht-
pforte Nr. 7. 3) 24 Grote Gold = 11 Sgr. 4) Heinrich
Barkhausen, große Johannisstraße 104. 5) Vor Allem

der Wall, im Herzen der Stadt, mit herrlichen Park=
anlagen; der Bürgerpark, im Jahre 1865 noch Fest=
platz zum zweiten deutschen Bundesschießen, seit 1866
zum Wald mit Seen, Hügeln ꝛc. umgewandelt; die
neue Eisenbahnbrücke; die neue Börse, ein Prachtbau,
täglich geöffnet; das Museum mit einer kostbaren Vogel=
sammlung, zweimal wöchentlich geöffnet; das Rathhaus,
ein alterthümlicher Bau, täglich geöffnet, namentlich die
obere Rathhaushalle ist reich ausgeschmückt; unter dem
Rathhause der Rathskeller, mit echtem Rheinweine, in
demselben die zwölf Apostel und die Rose, Weinfässer,
in welchen Wein aus dem 14. und 15. Jahrhundert
aufbewahrt wird. Von dem Rosewein, dem ältesten,
wird nur bei festlichen Gelegenheiten, fürstlichen Be=
suchen ꝛc. geschenkt, auch erhalten schwer erkrankte Bremer
Bürger auf besondere Empfehlung und Verordnung
des Arztes von demselben; der Bleikeller, welcher eine
so trockene Luft inne hat, daß in demselben Leichen
aus dem 14. Jahrhundert ausgetrocknet, aber unver=
west aufbewahrt werden, derselbe befindet sich unter
dem Dom und ist durch den Küster des Doms täglich
zu sehen gegen ein mäßiges Trinkgeld, auch wird bei
dieser Gelegenheit gleichzeitig der Dom im Innern be=
sichtigt und durch den Küster die nöthige Erläuterung
gegeben. An Monumenten und Statuen giebt es
in Bremen: Das Olbers=Denkmal und die Vase auf
dem Walle, das Gustav=Adolph=Denkmal auf der Doms=
heide, die Theodor Körner=Statue auf dem Körner=
wall, die Roland=Statue auf dem Markte. Von den
in der Nähe der Stadt belegenen Vergnügungsorten
ist der Schützenhof wohl einer Besichtigung werth.

Bremerhaven (s. Lehe.)

Brieg: 1) „Deutscher Kaiser", Mollwitzerstraße.
2) Jede der zwei Buchdr. für sich. 3) 4—5 Sgr.
5) Piastenschloß.

Bruchsal: 1) „Zum grünen Hof". 2) Ludwig
Rodrian's Buchdr. 3) 18 Kreuzer. 5) Das Schloß

mit Garten, das berühmte Zuchthaus mit den Zellen=
gefängnissen, der ½ Stunde entfernte Inselberg.

Brünn: 2) Wird in jeder beliebigen Druckerei
ausgestellt. 3) 1 fl. 50 kr. 4) Eduard Czejna, Buch=
druckerei von R. M. Rohrer. 5) Die alte Veste Spiel=
berg, westlich auf einem Hügel, alte Residenz der mähr.
Markgrafen, seit 1706 Strafanstalt, bekannt durch die
Gefangenschaft des Pandurenoberst Freiherrn v. Trenk
(† 1749, beigesetzt in der Kapuzinergruft), bis zum
Jahre 1848 Strafanstalt meist für schwere Verbrecher,
auch politisch Compromittirte, jetzt Kaserne, die ehe=
maligen Wälle sind rasirt und zu schönen Promenaden
umgewandelt; gegenüber dem Spielberg der Franzen=
berg mit dem 60' hohen Friedensobelisk v. J. 1818
aus mähr. Marmor; der Augarten vor der Neugasse,
reizender Erholungsort, von Kaiser Joseph II. dem
Publikum gewidmet; der Schreibwald und das Jäger=
haus mit prachtvoller Fernsicht, ¼ Stunde v. d. Stadt;
das Rathhaus, in dessen zweitem Thore der sog. „Lind=
wurm“ hängt, sowie das Eisgruber Rad, an welches sich
eine Sage knüpft; das Statthaltereigebäude, Fabriken ꝛc.;
an Plätzen der Krautmarkt mit dem schönen Röhr=
brunnen, gen. „Parnaß“, in den Sommermonaten ganz
mit Schlingpflanzen bewachsen, daselbst auch die Drei=
faltigkeitssäule; der große Platz mit der Mariensäule
zur Erinnerung an die glückliche Abwendung der Pest;
am Ende der Olmützerg. die Zderadsäule; das Franzens=
museum am Krautmarkt. Ausflüge nach Adamsthal,
Blansko, von da zu dem berühmten Erdfall Mazocha,
Rossitz und Eisgrub.

Budweis: 1) „Zur Sonne“, neben der Post.
2) Keine, die 3 Dr. sind zu besuchen. 3) Ungefähr
60—70 Kreuzer. 5) Großer Ringplatz, umgeben mit
Lauben. Alleen und Promenaden.

Bückeburg: 1) „Gastwirthschaft am Seggebruch“,
Langestraße. 2) Grimme's Hofbuchdruckerei (allein im
Orte). 3) 2½ Sgr. 5) Das Schloß, die Arensburg.

16

Bunzlau: 1) Gasthof „Zum goldenen Stern". 2) Wird in beiden Druckereien gezahlt. 3) 2½ und 2 Sgr. 4) Reinhold Pilz, C. A. Voigt'sche Officin. 5) Der große Topf; eine Uhr, welche durch ihr Triebwerk das Leiden Christi in beweglichen Figuren veranschaulicht; Irren-Anstalt; Gridißberg; Klitschdorf.

Cassel: 2) In Gebr. Gotthelft's Druckerei, Mittelgasse 31. 3) 12 Sgr. unter 8 Wochen, 18 Sgr. über 8 Wochen. 4) W. v. Gebhardi, Gebr. Gotthelft'sche Druckerei. 5) Wilhelmshöhe, 1 Stunde von hier, mit prachtvollen Fontainen, deren Wasser während des Sommers jeden Mittwoch und Sonntag Nachmittags von 2½ resp. 3 Uhr springen; Museum, geöffnet Montag, Nachm. v. 3—5 Uhr, Dienstag, Donnerstag und Freitag, Vormittags von 10—1 Uhr, Sonnabend, Nachm. von 3—5 Uhr; Bildergalerie, geöffnet Montag, Mittwoch u. Sonnabend, Vorm v. 10—1 Uhr, Sonntag v. 12—2 Uhr; Marmorbad in der Carlsaue, täglich geöffnet, Meldung bei dem Castellan; Verein für bildende Kunst, täglich von Morgens 10 bis Nachm. 4 Uhr, für Mitglieder freier Eintritt, Nichtmitglieder 5 Sgr.; permanente Ausstellung in der J. C. Krieger'schen Buchhandlung, täglich freier Eintritt.

Chemnitz: 1) Gastwirth Landgraf, Getreidemarkt. 2) Hager's Buchdruckerei, Pickenhahn's Buchdruckerei zahlt für sich besonders Viaticum. 3) 4 Sgr. 4) Jul. Lange, Pickenhahn's Druckerei. 5) Bedeutende Maschinenfabriken, Spinnereien und Webereien, deren Besichtigung größtentheils gestattet ist.

Cöln: 1) „Zur Heimath", vor St. Martin 36. 3) Für Solche, welche nachweisen, daß sie am letzten Conditionsorte der dort bestehenden Kasse angehört, die an jeden Collegen überhaupt Viaticum giebt, 15 Sgr. bei DuMont, Breitestraße Nr. 76—78; für Solche, welche zuletzt einer Casse angehört, welche bloß an Verbandsmitglieder zahlt, 10 Sgr. bei Römer, Rheinische Genossenschaft, Filzgasse Nr. 17—19. 4) J. Gerard,

Johannisstraße 48. 5) Dom, Museum, Gürzenich, Königsstatuen auf der Gitterbrücke, zoologischer Garten.

Cöpenick b. Berlin: 1) C. Mühlenberg, Jäger= straße 56 (gutes Bett für 2 Sgr.). 2) Nur eine (Otto Brandt's) Buchdruckerei im Orte. 3) 2½ Sgr. 5) Schloß mit Kirche aus der Zeit Joachim I. In der Gruft derselben wird eine Mumie gezeigt (Erb= prinzessin von Würtemberg, die hierher verwiesen wurde und auch hier verstarb); das derselben einst gehörige Schlößchen „Bellevue", vor der Stadt gelegen, zeigt dem Besucher sehr schöne Parkanlagen.

Coeslin: 1) A. Menzel's Gasthof, große Bau= straße Nr. 7. 3) Jede der zwei Dr. zahlt 2½ Sgr. 5) Die Statue Friedrich Wilhelm I. auf dem Markt= platze und die Wasserkunst.

Cöthen: 1) C. Marx & Co., Schalaunische Str. Nr. 6. 2) Schottlersche Officin, Marktplatz. 3) 2 Sgr.

Colberg: 1) „Pommersches Haus". 3) C. F. Post's Dr. 2½ Sgr., Richard Lipski's Dr. 2½ Sgr. 5) Das Rathhaus; das Strandschloß, an der See; das Theater; die Statue Friedrich Wilhelm III., von Drake, mit den am Postament befindlichen Medaillons Gneisenau's und Joachim Nettelbeck's; Ramler's und Nettelbeck's Geburtshaus; das Grab Nettelbeck's; drei großartig eingerichtete Soolbäder.

Constanz: 1) „Krone". 2) Otto Ammon's Dr. 3) 30 Kr., nach 13wöchentl. Reise 1 Fl. 4) Jakob Stadler, Druckereibes. 5) Hussenstein, Conciliumssaal mit dem Alterthums=Cabinet, Münster, Rheinbrücke.

Crefeld: 1) Gasthof „Zum Gutenberg" bei Thiele, Karlsplatz Nr. 7. 2) G. Kühler's Officin, Peterstr. Nr. 29. 3) Nach Reisedauer; im 1. M. 7½, im 2. M. 10, im 3. M. 12½, im 4. M. 15 Sgr.; darüber wird es dem Ermessen des Auszahlers anheimgegeben, ob und wieviel noch zu zahlen ist. 4) G. A. Hohns, Kühler's Dr., Peterstr. 29. 5) Ostallee mit v. Greiff's Denkmal, Westallee mit Rathhaus und Karlsplatz.

2

Danzig: 1) „Herberge zur Heimath". 2) Jede Buchdruckerei bezahlt für sich. 3) 1 bis 1⅙ Thlr. 4) B. Berthold, Kasemann'sche Druckerei. 5) Marien=kirche, Rathhaussaal, Artushof nebst Brunnen, Bischofs=berg; ferner die berühmte ½ Meile lange Allee nach Jäschkenthal; Oliva mit dem königl. Garten, der Kirche und dem Karlsberg; Zoppot.

Deggendorf: 1) Ludwig Stangl's Bierbrauerei. 2) Jede der zwei Dr. zahlt für sich. 3) 6—12 Kr. 4) Deggendorf gehört zum Local=Verein Straubing. 5) Palastähnliches Kreis=Irrenhaus, der Geyersberg, die neuerbaute große Donaubrücke, Schloß Egg.

Dessau: 1) Gasthof „Zum weißen Schwan" am kleinen Markt. 2) Druckerei von Neubürger. 3) 7½ resp. 10 Sgr. 4) E. Sauerland, Hofbuchdruckerei. 5) Das herzogl. Schloß, Standbild des alten Dessauers (Fürst Leopold), desgl. des verstorbenen Herzogs Franz, die herrlichen Parkanlagen: Georgium, Louisum ꝛc.; zwei Stunden von hier der berühmte Wörlitzer Park.

Deutsch-Crone: 1) Ed. Haedke. 2) Nur eine (F. Garms') Buchdr. im Orte. 3) Prinzipal 5 Sgr., Gehülfen nach Belieben. 5) Der städtische Buchwald mit seinen reizenden Partien.

Dippoldiswalde: 1) „Goldner Stern" am Markt. 2) Carl Jehne (allein im Orte). 3) 5—7½ Ngr. 5) Die alte Nicolaikirche aus dem 14. Jahrhunderte, das Tartarengrab.

Döbeln: 1) „Grüne Aue" im Kloster. 2) In jeder der zwei Dr. wird B. gezahlt. 3) 4½ Ngr. 5) Schloß Schweta, unterirdische Räumlichkeiten des Nonnenklosters Kiebitz.

Dortmund: 1) „Zur Heimath", Riemengasse. 2) Krüger's Buchdr. 3) 7½ Sgr. 4) H. Luecke, in Krüger's Buchdruckerei.

Dresden: 1) „Gebirgisches Haus", Schreibergasse. 2) Joh. Päßler's Dr., Klostergasse. 3) 15—20 Ngr., bei längerer Reisezeit bis 1 Thlr. 4) Theodor Grahl,

Bauhofstraße 8, pt. 5) Im Zwinger: Bildergalerie, Kupferstichsammlung, naturhistorisches Museum, mathematischer Salon, Mengs'sche Gypsabgüsse. Im königl. Schloß: Grünes Gewölbe. Im Japanischen Palais: Bibliothek, Porzellan- und Gefäßsammlung, Antiquitäten-Cabinet. Monument von Weber, von Friedrich August (im Zwinger), von August des Starken (Neustadt), von Moritz, Anton, Friedrich August (Neumarkt). Kgl. großer Garten, Zoologischer Garten, Japanischer Garten, Brühl'sche Terrasse, Anlagen um den Zwinger. In der Nähe: Pillnitz, Plauen'scher Grund.

Düben: 1) Albrecht's Herberge. 2) W. Steinmüller (allein im Orte). 3) 5 Sgr. 5) Der Park, Gradirwerk des Alaunwerks „Gottes Segen".

Duisburg: 1) „Herberge zur Heimath", Pootgasse. 2) F. H. Nieten's Dr., Beekstraße. 3) 5 Sgr. 4) J. Edelkraut. 5) Der Damm um die Stadt.

Eger: 1) „Goldner Stern". 2) Nur eine Dr. (J. R. Gschihoy's) im Orte. 3) Prinzipal 30 Kr., jeder Gehülfe 5 Kr. 5) Wallensteins Haus, alte Burg, eine Stunde von hier der Curort Franzensbad.

Eimbeck: 1) Gastw. C. Rettberg, Münsterstr. 25. 2) Viaticum wird in jeder Druckerei gezahlt 3) 3 Sgr. 4) C. Burkhardt, Ehlers'sche Buchdr. 5) Die Münsterkirche, das Rathhaus; in der Nähe der Stadt die Burg Rotenkirchen, die Burg Grone, die Erichsburg, die Brücke bei Coventhal.

Elberfeld: 1) Gasthof „Zum Gutenberg", Klotzbahn Nr. 23. 2) Bädeker's Buchdr. 3) Unter 5 St. auf der Reise 10 Sgr., unter 8 Wochen 20 Sgr., über 8 W. 1 Thlr. 4) Ad. Wittig, Lucas'sche Dr.

Elbing: 1) „Hôtel de Wien", Junkerstraße 19. 2) Wernich's Buchdruckerei, Spieringsstr. 3) 10 Sgr., 12½ u. 15 Sgr. 4) A. Strohmann, Wernich's Buchdr.

Emden: 1) Gastwirth Saathoff, am Eilande. 3) 7½ Sgr. in der Buchdruckerei von Th. Hahn's Wwe., Emsstr. 3. 4) Tobias Güdemann, Emsstr. 9. 5) Das

2*

Rathhaus; die Rüstkammer, in welcher die Kriegs=
waffen aus dem 15. und 16. Jahrh. aufbewahrt werden;
das Museum, die Bildergalerie.

Erfurt: 1) „Zur christl. Herberge“. 2) Ohlen=
roth'sche Buchdr., Johannisstr. 3) 6 Sgr., nach sechs
Wochen d. Doppelte. 4) Friedrich Hammel, Stenger'sche
Buchdr. 5) Die Domkirche und die große Glocke,
Museum im evangel. Waisenhause, Vogel's Garten=
Etablissement, Friedrich=Wilhelms=Höhe am Steiger,
Citadelle Petersberg und Cyriaksburg.

Erlangen: 1) „Zum Reichsadler“, Kirchengasse.
2) Buchdr. von (E. Th. Jacob. 3) 30 Kr. 4) Joh.
Uebel, Jacob'sche Officin. 5) Das Naturalien=Kabinet;
die Anatomie; das Kanal=Monument; der Tunnel.

Eßlingen: 1) Gasthaus zum „Wilden Mann“,
Marktplatz. 2) J. F. Schreiber's Dr., Hafenmarkt 7.
3) 15 Kreuzer, bei längerer Reise mehr. 4) Ernst
Kirn, Schreiber's Dr. 5) Denkmal des Sängervater
Karl Pfaff auf der Maille, Frauenkirche, Burg mit
dem dicken Thurm (schöne Ruine der frühern Stadt=
mauer mit herrlicher Aussicht über die Stadt; Wirth=
schaft daselbst). Route nach Ulm: Nürtingen (2 Dr.),
Kirchheim a. T. (1 Dr.), Göppingen (1 Dr.), Geiß=
lingen (1 Dr.), Ulm. Route nach Stuttgart: Cann=
stadt (2 Dr.), Stuttgart.

Ettlingen (Baden): 1) Gasthaus „Zum goldenen
Stern“. 3) 6 Kreuzer.

Flatow (Westpr.): 1) Gasthof Piehl. 2) Louis
Dobler's Dr. 3) 5 Sgr. 5) Schloß nebst Park,
Thiergarten mit Pavillon.

Flensburg: 2) In der Maaß'schen Druckerei.
3) 15 Sgr., nach 8 Wochen 24 Sgr. 4) C. Werner,
Herzbruch'sche Druckerei. 5) Die Grabdenkmäler aus
den Befreiungskriegen, zwischen hier und Sonderburg
die weltberühmten Düppeler Schanzen.

Frankenberg: 1) „Stadt Dresden“. 2) Nur
eine (C. G. Roßberg's) Dr. im Orte. 3) 2½ Ngr.

Frankenstein in Schlesien: 1) Gasthof „Zum Mond", Breslauer Straße. 2) Nur eine Buchdr. im Orte. 3) 3 Sgr. 5) Schloßruine, schiefer Glockenthurm.

Freiberg (Sachsen): 1) „Zum goldenen Löwen", Erbischestraße. 2) Jede Druckerei zahlt Viaticum. 3) 6 Sgr. 4) Karl Hensel, Gerlach'sche Buchdruckerei. 5) Alterthums = Museum, naturhistorisches Museum, Gefängniß von Kunz v. Kauffungen, Herder's Ruhe, Muldner Hütten, Halsbrückner Hütten, Domkirche (Thonkanzel) mit goldner Pforte u. kurf. Begräbniß mit Moritz=Monument, Berggebäude „Himmelfahrt", Bergakademie, Fernsicht vom Höhepunkt der Peters= kirche aus, Schweden=Monument.

Freiburg (Baden): 1) Gasthof „Zum Freiburger Hof". 2) Wagner's Buchdr. 3) Unter 8 Wochen auf der Reise 48 Kr., über 8 bis 12 W. 1 Fl. 12 Kr., über 12 W. 1 Fl. 36 Kr. 4) F. Prießnitz, Wagner's Buchdr. 5) Der Dom mit seinen Gemälden, Statue des Berthold Schwarz, die Cabinette der Universität und der Schloßberg.

Freising (Baiern): 1) Gasthaus „Zur Laube". 2) P. F. Datterer'sche Buchdruckerei. 3) 12 Kreuzer. 4) Friedrich Tietjens, Datterer'sche Officin. 5) Die landwirthschaftliche Centralschule Weihenstephan mit den Sammlungen, die Domkirche.

Friedrichstadt: 1) J. Stuhr's Wwe. 3) 3½ Sgr. 4) Martin Pfeiffer, Buchdruckerei von C. Bade's Wwe. 5) Synagoge, die vier (lutherische [Altar = Gemälde], mennonitische, katholische, remonstrantische) Kirchen.

Geestemünde (s. Lehe).

Gera: 1) „Rathsgarküche", Böttcherg. 2) Hof= buchdruckerei von Ißleib & Rietzschel. 3) 10 Sgr., unter Umständen 15 Sgr.; 4) Carl Dräger, Hofbuchdr. 5) Bergschlößchen, fürstl. Küchengarten, Schloß Oster= stein mit Hainberg, Martinsgrund, Badegarten.

Gießen: 1) „Zum deutschen Hof". 2) Keller'sche Buchdruckerei. 3) 48 Kreuzer. 4) Daniel Weißmüller,

Keller'sche Buchdruckerei. 5) Die Universität mit ihren Anstalten, in der Nähe die Ruinen Staufenberg, Gleiberg und Vetzberg, der Schiffenberg, der Zinßer'sche Garten und die Peppler'sche Kunstmühle.

M. Gladbach: 1) Vereinslokal bei J. Wetzel, Wallstraße. 2) W. Hütter'sche Buchdr. 3) 5 Sgr., bei längerer Reise 7½ Sgr. 4) Daniel Sandmeister, Lamberts'sche Officin. 5) Wirthshaus von Krapohl auf der Waldhauserstraße mit Gartenwirthschaft.

Glatz: 1) Gastwirthschaft von J. Neugebauer. 2) Jede Druckerei zahlt für sich. 3) 8 Sgr. 4) Friedrich Hergett, L. Schirmer's Buchdruckerei. 5) Die Bergfestung, wo man von dem Donjon derselben aus eine reizende Aussicht nach dem Schneegebirge, Heuscheuergebirge und dem Eulengebirge genießt; in der Nähe die bekannten Wallfahrtsorte Albendorf und Wartha und der spitzige Berg.

Glauchau: 1) „Stadt Dresden". 2) Dr. von Dulce und Witzsch. 3) 4½ Ngr. 4) Keimling, Witzsch' Buchdr. 5) Das fürstliche Schloß Schönburg und seine prächtige Umgebung.

Glogau: 1) „Schlesisches Haus", Preußische Straße. 2) Ed. Mosche's Dr. 3) 12½—15 Sgr. 4) H. König. 5) Die Festungswerke.

Görlitz: 1) Herberge „Zur Heimath". 2. Buchdruckerei von H. Jungandreas, Demianiplatz Nr. 21. 3) Bis zu 6 Wochen 10, von 6—10 W. 15, von 10—13 W. 17½, über 13 W. 20 Sgr. 4 Heinrich Lohfeld, Jungandreas'sche Buchdruckerei. 5) Die St. Peter- und Paulskirche mit der Krypta und der großen Glocke; das heilige Grab, Nachbildung der heil. Grabkirche in Jerusalem; Spaziergang nach dem Blockhaus, Aussicht nach dem großen Eisenbahn-Viaduct; Friedhof mit dem Denkmal der 1866 hier begrabenen Krieger, Jacob Böhme's Grab; Schützenschießstände mit Anlagen, in welchen 4 Denkmäler für gef. Jäger; Landeskrone, 1300 Fuß hoch, mit prachtvoller Rundsicht (eine

Stunde von der Stadt), Spaziergang im städtischen Park mit botanischem Garten.

Göttingen: 1) „Goldenes G.", Grooner Str. 2) Kästner'sche Druckerei, Weendener Str. 3) 10 Sgr. 4) C. Berger, Jüdenstraße 22. 5) Die Bibliothek, eine der größten Europas; der Rhons, die Plesse und Hardenberg (Ruinen in der Umgegend).

Gotha: 1) Gasthof „Zum weißen Roß". 2) Stollberg'sche Buchdruckerei, Schwabhäusergasse. 3) 6 Sgr. 4) Hermann Stroh, Stollberg'sche Officin. 5) Die Kunstsammlungen sowie das Naturaliencabinet im herz. Schlosse Friedenstein, jedoch nur Dienstags und Freitags von 9—1 Uhr geöffnet; schöne Alleen resp. Anlagen um die ganze Stadt; hübscher Orangeriegarten und Park 2c.; 3 Stunden von Gotha: Schloß Reinhardsbrunn, hübsche Anlagen, Teich, Felsenkeller 2c.

Graz (Oesterreich): 1) „Zum weißen Schwan", Reitschulgasse. 2) Leykam'sche Officin. 3) 1 fl. 50 kr. 4) Js. Tomahel, Vereins=Buchdruckerei. 5) Landsch. Bildergalerie, Joanneum, Münzen= u. Antiken=Kabinet, Schloßberg, Maria=Grün, bot. Garten, Eggenberger Schloß 2c.; Kaiser Franz=, General Welter= u. Schiller= Monument.

Greiz: 1) Die Herberge „Zur Heimath". 3) 5 Sgr. 4) Franz Knoll. 5) Den Park mit fürstl. Palais an der Elster in einer angenehmen Lage und die Schanze, um auf derselben das alterthümliche obere Schloß zu umgehen und die im Thal umherliegenden Stadttheile und deren malerische Umgebung durch waldige Berggruppen zu besichtigen.

Grünberg: 1) Herberge „Zur Heimath". 2) Jede Druckerei zahlt für sich. 3) 5½ Sgr. 4) Fr. Schreiber, Buchdruckerei von Fr. Weiß. 5) Grünbergs=Höhe.

Hadersleben: 1) Bei Laue Juhl, Gosskierstraße. 2) Wird in beiden Druckereien gezahlt. 3) 15 Sgr. 4) M. Koppel, Setzer in der „Nordschleswigsk Tidende". 5) Das Innere der St. Marienkirche.

Hagen (f. Witten).

Halle a. S.: 1) Christliche Herberge, Mauergasse am Frankenplatze. 2) In der Waisenhaus=Buchdruckerei. 3) 15 Sgr. 4) E. Karras. 5) Händel = Denkmal, Roland=Denkmal, Waisenhaus, Moritzburg, Universität. In der Umgegend: Saalthal, Bergschänke, Bad Wittekind, Ruine Giebichenstein (Ludw. der Springer), Bahnhof, Zuckerraffinerie, Wasserthurm, Belle-vue.

Hamburg: 2) Meißner'schen Druckerei, Schopen= stehl. 3) 3 Mk. 4 Sch.; für Reisende, deren letzter Conditionsort unter 12 Meilen von hier belegen oder welche nach halbjähriger Abwesenheit innerhalb eines Jahres wiederkommen, 1 Mk. 10 Sch. 4) Frdr. Erdm. Schulz, Eilbeckerweg 7.

Hamm: 1) „Herberge zur Heimath", Poststraße. 2) Jede der zwei Dr. zahlt für sich. 3) 7½ Sgr. 4) Heinr. Torwik. 5) Die Heindorf'sche Bilder=Galerie auf Caldenhof, der Schützenplatz mit in großartigstem Maßstabe erbauter Schützenhalle.

Hanau: 1) „Zur Stadt Frankfurt", am Kanal= thor. 2) Hanau gehört zum Mittelrh. Verband, in welchem das Auszahlen des Viaticums centralisirt ist, und hier wird kein Viaticum ausgezahlt, wir zahlen dasselbe nach Aschaffenburg. 4) Joh. Maikranz, Kitt= steiner'sche Buchdruckerei.

Hannover: 1) „Zum Kleeblatt", Knochenhauer= straße 7. 2) Jacob'sche Druckerei, Burgstraße Nr. 40. 3) 15 Sgr. 4) E. Schröder, Burgstr. 40. 5) Welfen= schloß, Residenzschloß, Georgen = und Herrenhäuser= Parkanlagen, Hoftheater, Tivoli, Odeon, Aquarium, zoologischer Garten, Waterloosäule, Ernst=August=Denk= mal, Leibniz= und Schiller=Denkmal, Museum, per= manente Kunstausstellung.

Harzburg: 3) 2½ Sgr.

Haynau: 1) „Zur Heimath". 2) Buchdruckerei von C. O. Raupbach. 3) 5 Sgr. 4) C. A. Wehner, Raupbach'sche Druckerei.

Heidelberg: 1) „Prinz Max", Marſtallſtraße.
2) In Georg Mohr's Buchdr., untere Neckarſtraße.
3) Georg Geiſendörfer, Schiffgaſſe Nr. 4. 5) Schloß
und deſſen innere Räume; die „Molkenkur", intereſſant
durch die prachtvolle Ausſicht; der Wolfsbrunnen mit
ſeinen Forellenweihern; die Meß'ſche Alterthumshalle
am Hausacker.

Helmſtädt: 3) 2½ Sgr.

Hermannsburg (bei Celle): 1) Die „Poſt".
2) Miſſionshaus=Druckerei. 3) 5 Sgr. 4) K. Keller,
Miſſionshaus=Druckerei.

Hersbruck: 1) Gaſthof „Zu den drei Linden".
2) Nur eine (Pfeiffer's) Buchdr. im Orte. 3) 9 Kr.
5) Der Michelsberg, das Pregnitzthal.

Hildburghauſen: 1) Gaſthof: „Goldner Löwe".
2) Gadow'ſche Officin. 3) Nach 1= bis 12 wöchentl.
Reiſedauer 18—20 Kr., bei beſonderen Verhältniſſen
maßgebend erhöht. 5) Guſtav Reiner, im bibl. Inſtitut.

Hirſchberg: 2) Wird in beiden Druckereien gezahlt. 3) 15 Sgr. 4) Sachſe, Pfund'ſche Officin.
5) Rieſengebirge und Umgegend.

Hof: 1) „Bayreuther Hof". 2) Mintzel'ſche Buchdruckerei. 3) 15 Kr. 4) Joh. Müller. 5) Thereſſenſtein.

Hörde (Weſtphalen): 1) Herberge zur Heimath.
2) May u. Comp., allein im Orte. 3) 2½ Sgr.
5) Die Hermannshütte.

Hoya: 3) 5½ Sgr. 4) Karl Zielecke.

Hoyerswerda: 1) Gaſthof „Zum goldenen Stern",
Sprembergerſtr. 3) 3 Sgr.

Huſum (Schleswig): 1) Gaſtwirthſchaft des Hrn.
H. Haß, Norderſtraße. 3) 6 reſp. 7½ Sgr.

Jena: 1) Gaſthof „Zum goldenen Engel". 2) In
der Mauke'ſchen Officin, Markt 220. 3) 6 Sgr, über
3 Monate auf der Reiſe 12 Sgr. 4) Karl Ehe,
Mauke'ſche Druckerei. 5) Das Standbild des Chur-
fürſten Joh. Friedr. des Großmüthigen, die Univerſitäts-

bibliothek, der botanische Garten, der Fuchsthurm; das Forsthaus, das Bierdorf Lichtenhain.

Jever: 1) „Zur Traube". 3) 11 Gr. 5) Das Schloß, das 2 Meilen entfernte Wilhelmshaven.

Innsbruck: 1) „Goldene Rose" am obern Stadt=platz. 2) Felizian Rauch, im Jurain. 3) Im Sommer=halbjahr 1 fl., Winterhalbjahr 1 fl. 50 kr. östr. Währ. 4) W. Oesterreicher, Wagner'sche Buchdr. 5) Ferdi=nandeum (Museum), Franziskaner= oder Hofkirche (Kaiser Maximilian's Grab), Berg Isel, Schloß Ambras.

Itzehoe: 1) Schmidt's Gasthof, Reichenstraße. 3) 12 Sgr. 4) H. Blömer.

Karlsruhe: 1) Gasthaus „Zur Stadt Pforz=heim, Langestraße. 2) Haspersche Hofbuchdruckerei. 3) 48 Kreuzer. 4) D. Müller, Hasper'sche Druckerei. 5) Geschichtliches: Markgraf Karl Wilhelm v. Baden, welcher in Durlach residirte, legte am 17. Juni 1715 an der Stelle, wo er im Schatten einer Eiche geruht hatte, und wo jetzt das Gr. Residenzschloß steht, den Grundstein zu dem Jagdschloß „Karls=Ruhe", entschloß sich aber bald in Folge von Streitigkeiten mit der Dur=lacher Bürgerschaft, dabei eine Residenzstadt zu grün=den, wozu er den Plan selbst entwarf. Rasche Ver=größerung des Landes veranlaßte rasche Erweiterung der jungen Stadt. Jetzt zählt Karlsruhe gegen 33,000 Einwohner, vor 100 Jahren erst 3333, ist Sitz der höchsten Landesbehörden, Garnisonsort von 1 Inf.=, 1 Reiter= und 1 Artillerie=Regiment, und eine der schönsten Städte Süddeutschlands. Thiergarten (vor dem Ettlinger Thor), schönster Theil des Sallenwäldchens, mit verschiedenen wilden Thieren, reizenden Anlagen, guter Restauration. Zur Orientirung des Fremden: Den besten Ueberblick über die Stadt hat man vom Schloßthurme herab, man findet sich in der Stadt leicht zurecht, wenn man sich die Lage des Gr. Schlosses, nach welchem 9 Straßen ziehen, und die Langestraße merkt, welche alle die 9 Straßen durchschneidet und bei dem Durchschnitte das Gr. Schloß sichtbar werden läßt.

Sehenswerthe Gebäude: Gr. Residenzschloß, Mark-
gräfliches Palais am Rondel mit schönem Garten und
Pavillon, Palast des Prinzen Wilhelm im äußeren
Zirkel mit griech. Kapelle, Hoftheater, Bildhauerei von
Reich, Kunsthalle, großh. Sammlungengebäude, Bild-
hauerei von Steinhäuser, Polytechnicum. Oeffentliche
Gärten und Plätze und Denkmale: Schloßgarten mit
Wasserwerken und Hebel's Denkmal, Schloßplatz mit
Karl-Friedrich's-Denkmal, Marktplatz mit Karl-Wil-
helm's-Pyramide und Ludwigs-Statue, Rondel mit der
Verfassungssäule, Bahnhofplatz mit dem Winter-Denk-
mal, Friedrichsplatz mit prachtvollen Gebäuden, Friedhof mit vielen Denkmälern, namentlich für die 1847
beim Theaterbrande Verunglückten und 1849 gefallenen
Preußen; Jung-Stillings Grab. Sammlungen: Hof-
bibliothek, Naturalien-Kabinet im Gr. Schloß, Bildergalerie, Kunstverein-Ausstellung, Alterthümerhalle in
der Kunsthalle und bot. Garten, Herbarium im bot.
Garten, Bibliothek, naturhistorische Sammlungen:
physikal. Kabinet und Modellsammlungen des Poly-
technikums.

Kaschau (Oesterreich): 1) Der „Kaschauer Arbeiter-
verein für Gewerbetreibende". 2) Karl Werfer's acad.
Buchdruckerei. 3) 50 Kreuzer ö. W. 4) Karl Werfer.

Kaufbeuern: 1) „Zum gold. Engel". 2) J. B.
Dorn's Dr., dem „Engel" gegenüber. 3) 15—18 Kr.
5) Tänzelhölzchen (reizende Aussicht in's bair. Hochgebirge), Kapelle der Crescentia (Wallfahrtscapelle).

Kempten (Baiern): 1) „Rößle", in der Neustadt. 2) In Tobias Dannheimer's Dr. 3) 36 Kr.
4) Jos. Maier, Dannheimer's Dr. 5) Die Burghalde
mit Aussicht auf das Hochgebirge im Algäu, kathol.
Kirche mit Kirchensaal, darin Oelgemälde und fürstl.
Gruft der früheren Fürstbischöfe.

Kiel: 1) Gastwirth Sell am Steinberg. 2) C.
F. Mohr'sche Druckerei. 3) 15, 20, 25 Sgr., je nach
der Dauer der Reise. 4) Rößner. 5) Das Museum

im Schloſſe (Sculpturen, worunter namentlich die
Stiergruppe ſehenswerth); Muſeum vaterl. Alterthümer,
Bilder=Galerie, Bundes=Kriegshafen, Werfte (in der
Anlage), ſchöne Umgebung, Concert=Gärten u. ſ. w.
Von hier tägliche Verbindung nach Kopenhagen per
Dampfſchiff. Preis: 2 Thlr. reſp. 2 Thlr. 7½ Sgr.

Kirchheimbolanden: 1) H. Leonhardt, gegen=
über der Poſt. 2) Viaticum wird in der gemeinſchaftl.
Kaſſe für die Pfalz in Neuſtadt a. H. gezahlt und
gehört dieſer Ort zum Ortsverein Worms. 5) Der
Schillerhain.

Klagenfurt (Oeſterreich): 1) „Zum Mohren‟,
Bahnhofſtraße, zugleich Vereinslocal. 2) Die Buchdr.
von R. Bertſchinger und F. v. Kleinmayr ſind zu be=
ſuchen und wird hiernach in der J. u. Fr. Leon'ſchen
Dr. Viaticum gezahlt. 3) 70 Kr. ö. W., bei mehr als
12 wöchentl. Reiſe 1 Fl. 40 Kr. 4) Heinrich Neu=
mayr, Bertſchinger's Buchdr. 5) Alterthums=Muſeum,
Lindwurm (am neuen Platze) und ſteinerner Fiſcher
(Wahrzeichen von Klagenfurt), herrliche Ausſicht vom
Thurme der Stadtpfarrkirche, der Wörther=See.

Königsberg: 1) Reſtauration von Gehrmann,
Monkenſtr. 23 u. 24. 2) In der Schultz'ſchen Hof=
buchdruckerei. 3) 1 Thlr., 1 Thlr. 10 Sgr., auch 2 Thlr.
4) A. Kiewning, Schultz'ſche Hofbuchdr. 5) Schloß,
Schloßteich, Denkmal Friedrich I. auf dem Schloß=
platz, Denkmal Friedrich Wilhelm III. auf Königs=
garten, neue Univerſität ebendaſelbſt, Kant's Geburts=
haus, Prinzeſſinſtraße; Kantſtatue, Kantplatz; Grab=
ſtätte von Dr. Luthers älteſtem Sohne auf dem alt=
ſtädtiſchen Kirchenplatz (ſog. Muckerplatz), Wohnhaus
des Schulraths Dinter (Tuchmacherſtr.), der Dom mit
den Grabſtätten Herzog Albrechts (Stifter der Albertus=
Univerſität), Immanuel Kant's, der Tochter Melanch=
thon's und vieler Ordensritter, wie auch mit den Sta=
ꜩen vieler Hochmeiſter ꝛc.; Bildergalerie, Königsſtr.;

naturhist. Museum an der Sternwarte; botan. Garten ebendas.; die im Bau begriffene neue Börse.

Köpenick s. Cöpenick.

Landau (Pfalz): 1) Weinwirthschaft v. Becker. 2) Jeder Fremde wird nach Neustadt a. H. verwiesen, da wir dorthin das Viaticum zahlen. 4) Philipp Hauck, Kaußler'sche Officin. 5) Die Festung.

Landshut (Baiern): 1) Stegmüller (Schmidt). 2) Buchdruckerei von J. F. Rietsch. 3) 18 Kr. 4) Ernst Geithl, Thomann'sche Druckerei. 5) Kreis-Muster- u. Modellen-Sammlung, Schloß Trausnitz, städt. Hof- und Herzog-Garten, an Kunstbauten die St. Martinskirche mit dem drittgrößten Thurme Deutschlands, schöne romantische Umgebung.

Langenberg: 1) Wwe. Hohagen. 2) Jede Druckerei zahlt Viaticum. 3) 7½ Sgr. 5) Der Isenberg zwischen hier und Hattingen. — Der letzte Graf von Isenberg ermordete den Erzbischof Engelbert von Köln. — Das Schloß und das Franziskaner-Kloster Hardenberg. Letzteres ein berühmter Wallfahrtsort.

Langensalza: 1) Restaurateur Weinreich, in der Nähe des Bahnhofes. 2) Buchdruckerei von Jul. Beltz. 3) 5 und 7½ Sgr., je nach Dauer der Reisezeit. 4) Chr. Bretschneider, Knoll's Buchdruckerei. 5) Durch die Schlacht am 27. Juni 1866 sehr denkwürdige mit prachtvollen Denkmälern gezierte Orte: a) Denkmal des hannov. Landes ihren gefallenen Kriegern, auf dem Friedhofe; b) der Stadt Langensalza zur Erinnerung an die Schlacht, auf dem Judenhügel; c) des 20. Landw.-Reg. im Lustwäldchen des das. Schwefelbades; d) des 11. Gren.-Reg., ebendas.; e) des 25. rhein. Inf.-Reg. unweit davon. Alle Sehenswürdigkeiten in nächster Nähe der Stadt. — Ferner das prachtvolle Schützenhaus, denkwürdig durch die in ihm abgeschlossene hannov. Capitulation, hier residirte der letzte König von Hannover vor, während und nach der Schlacht.

Lauban: 1) „Herberge zur Heimath". 2) Jede Druckerei zahlt das V. für sich. 3) Ungefähr 10 Sgr. 5) Den Steinberg, die Kirchenruine.

Lehe: 1) Böckmann in Lehe, Schoor in Bremer-haven, Kropp in Geestemünde. 2) Für die Orte: Lehe-Bremerhaven-Geestemünde in der Lackmann'schen Officin in Lehe. 3) 7½, 10, 12½, nach Bedarf auch 15 Sgr. 4) Für oben genannte drei Orte: A. Fick in Lehe. 5) Die großartigen Hafen-Anlagen in Bremer-haven und Geestemünde, Hauptbatterie an der Weser.

B. Leipa: 1) Gasthaus „Zum grünen Ochsen". 2) Jede Druckerei zahlt Viaticum. 3) 20 Kr. ö. W. 5) Schweika, Höllengrund, Einbsiedlerstein, Hirnsen, Sommer-Residenz des Kaisers Ferdinand: Reichstadt, Oberliebich und Neuschloß.

Leipzig: 1) Fr. W. Halliger, Friedrichsstr. 5.

Lemberg: 1) „Krakauer Einkehrhaus". 2) Die Staatsdruckerei. 3) 3 Gulden ö. W. 4) F. Piat-kowski, Setzer in der Staatsdruckerei. 5) Offolinski's Institut mit einer Bilder-Galerie, Münz-Sammlung, Bibliothek von 80,000 Werken, 14,000 Manuscripten und einer Druckerei; ferner das Invalidenhaus, die Citadelle, der Sandberg (ein Belustigungsort).

Liegnitz: 1) Herberge „Zur Heimath". 2) Heinze, Schloßstr. 20. 3) 7½ Sgr. 4) Steiner, Krumb-haar'sche Druckerei. 5) Promenaden, Friedrichs-Denk-mal aus dem siebenjährigen Kriege.

Lindau: 1) „Helvetia". 2) Jede der zwei Dr. zahlt für sich). 3) 24 Kr. 5) Den Seehafen mit Leuchtthurm, das Max-Denkmal.

Linz: 1) „Zu den drei Kronen". 2) In jeder der vier Dr. wird das V. gezahlt. 3) 70 Kreuzer. 4) Em. Frd. Wildt, Feichtinger's Dr. 5) Museum Francisco Carolinum, die Erzherzog Maximilians-(Festungs-) Thürme; als prächtige Aussichtspunkte: der Pöstlingsberg u. der Freienberg, auf letzterem befindet sich das Jesuitenkloster.

Löbau: 1) Herberge „Zur Heimath". 2) Jede Druckerei bezahlt für sich. 3) 3½ Ngr. 4) Otto Köhler. 5) Außer dem Berge mit dem eisernen Thurme und seinem Geldkeller noch die in der Nähe des letztern befindliche Blume „Wunderhold", welche alle 100 Jahre einmal blüht, und ist dies grade heuer, 1870 am Johannisfeste, 24. Juni, der Fall gewesen. — —

Löwenberg: 1) „Zum weißen Roß". 2) Jede der zwei Dr. zahlt für sich. 3) 4 Sgr. 4) Paul Scharfenberg. 5) Das 15 Minuten von hier gelegene Buchholz.

Lüchow: 1) „Gasthof zur Krone". 2) Buchdr. von A. Saur. 3) 6½ Sgr. 5) Schloß-Ruine.

Lübeck: 1) Gasthof „Zum rothen Pferde", Mühlenstraße 907. 2) In jeder beliebigen Druckerei. 3) 12 Sgr. 4) A. O. Krause, Rathsbuchdruckerei. 5) Die St. Marienkirche. Sie ist eine der vorzüglichsten Kirchen Deutschlands, mit zwei großen spitzen Thürmen und einem Dachreiter, worin das Glockenspiel und die Glocke befindlich, auch ist dieselbe reich an Kunstschätzen aller Art, besonders merkwürdig ist der von Marmor aufgeführte Hochaltar und die Kanzel, die große Orgel, die astronomische Uhr mit einem hundertjähr. Kalender und den sieben Churfürsten, welche Mittags 12 Uhr zu sehen sind und der Todtentanz; die Domkirche mit vielen Kunstschätzen, von Heinrich d. Löwen 1170 gegründet; das Rathhaus; das Schifferhaus, dessen Diele noch ganz in der alterthümlichen Ausstattung des siebenzehnten Jahrhunderts erhalten ist. Zwei Stunden von hier das Ostseebad Travemünde, unmittelbar an der Ostsee.

Luxemburg: 1) Schummer-Nakels, Theresienstraße 6. Bück, Pastorstraße. 3) 1—2 Franken (8 bis 16 Sgr.) 4) J. Müller, Präs., Aldringerstraße 5. 5) Großartige Festungswerke.

Luzern: 1) „Zum Schlüssel". 2) In der Meyer'schen Officin. 3) 1 Fr., 1½ Fr., auch 2 Fr.

4) Andr. Meyer, Meyer'sche Buchdruckerei. 5) Das Löwenmonument; Diorama vom Rigi; Pilatus; Stauffer's Museum: Thiergruppen der Alpenwelt; reichhaltiges Zeughaus.

Mainz: 1) „Alte Krone", in der Nähe der Post. 2) In der Druckerei von Kupferberg, große Bleiche. 3) 48 Kreuzer. 4) Fr. Landskron, H. Prickart's Buchdruckerei. 5) Gutenberg=Denkmal, Gutenbergsplatz, dem Theater gegenüber; Dom= und Stephanskirche, Schiller=Denkmal, Schillerplatz; Citadelle, gegen eine Karte bei der Platz=Commandantur; Museum im Schloß, Mittwochs v. 2—4 Uhr und Sonntags v. 10—1 Uhr unentgeltlich; neue Anlage, von da nach der Eisenbahn= brücke; Wasserleitung in Zahlbach, ½ St. von hier; neue Fontaine auf dem Theaterplatze.

Marburg (Preuß. Hessen=Nassau): 1) „Zur Stadt Braunschweig". 2) Zahlt an die Mittelrh. Verbands= Kasse. 4) Hans Wosniak, Pfeil'sche Offizin, 5) Die Elisabethkirche, das Schloß mit schöner Aussicht, die Anatomie, Spiegelslust, Anhöhe mit Aussicht auf das Panorama von Marburg und Umgebung.

Marburg (Steyermark): 1) Fischer's Gasthaus. 3) 20 Kreuzer. 5) Eisenbahnbrücke über die Drau und Werkstätten der Südbahn.

Marienburg (W.=P.): 1) Hoffmann, Niedere Lauben. 2) Jede Druckerei zahlt für sich. 3) 6½ Sgr. 4) R. Scheel jun., A Bretschneider's Druckerei. 5) Das vollständig renovirte Schloß des deutschen Ritter=Ordens, die eiserne Gitterbrücke über die Nogat.

Meißen: 1) Die Garküche. 2) In der Druckerei von C. E. Klinkicht & Sohn. 3) 4 Ngr., nach Um= ständen 8 Ngr. 4) Moritz Lenz. 5) Schloß Albrechts= burg, Dom, Porcellan=Manufactur, Park zu Sieben= eichen.

Memel: 1) Gasthof „Zum schwarzen Adler" am Friedrichsmarkt. 2) In der Stobbe'schen Druckerei. 3) Bis 2 M. 15 Sgr., für länger als 2 M. 20 Sgr., darf jedoch innerhalb 6 M. nur einmal erhoben werden. 4) R. Kuberka, Stobbe'sche Buchdruckerei.

Merseburg: 1) „Zur guten Quelle". 2) Jede Druckerei zahlt für sich. 3) 3 Sgr. 9 Pf. 4) Woldemar Hellig, Jurk'sche Officin. 5) Das Schloß mit dem Schloßgarten, der Dom, welcher die zweitgrößte Orgel in Deutschland haben soll; in unmittelbarer Nähe das Roßbacher Denkmal.

Militsch (Schl.): 1) Gasthof „Zum Prinz Carl". 2) F. W. Lachmann's Wwe. 3) 5 Sgr.

Minden (Preuß. Minden): 1) „Im Anker", Bäckerstraße. 2) J. C. C. Brun's Dr., Obermarktstr. 3) 7½ Sgr. Außerdem zahlen noch zwei kleinere Dr. (J. Reinshagen, Pöttcherstraße, und W. Köhler, Domstraße) extra B. 5) Schlachten-Denkmale von 1864 und 1866 auf dem großen Domhofe vor dem Regierungsgebäude; eine Stunde südwärts von hier befindet sich die „Porta Westphalica".

Mühlhausen in Thüringen: 1) Gasthof „Zur Weintraube". 2) Jede der drei Dr. zahlt für sich.

München: 1) Das Gasthaus „Zur neuen Welt". 2) In der kgl. Hofbuchdruckerei von E. Huber, Odeonsplatz Nr. 2. 3) Richtet sich nach der Entfernung des letzten Conditionsortes und zwar erhält der Reisende bei einer Entfernung desselben (von München) von 6 bis 30 Meilen: 36 Kreuzer, von 30 bis 60 M.: 1 fl., von über 60 M. 1 fl. 36 kr., bei außergewöhnlicher Bedürftigkeit 3 fl. 30 kr. 4) Jos. Galler, kgl. Hofbuchdruckerei. 5) Anatomisch-physiologische Sammlung, Schillerstr. 25, täglich von 9 Uhr an geöffnet, Anmeldung beim Hausmeister, Eintrittspreis nach Belieben; Antiquarium, gegenüber der Glyptothek, Montag und Freitag von 9—1 Uhr geöffnet; Bavaria mit Ruhmeshalle, von 9—12 U. u. von 2—4 U. zu sehen, Eintritt 12 Kr.; bairisches National-Museum, Donnerstag und Sonntag von 10—2 U. freier Zutritt, Montag geschlossen, an den übrigen Tagen 30 Kr. Eintritt;

botanifcher Garten (Karlsplatz), von früh 8 U. bis
Abends 7 Uhr geöffnet; Ethnographifches Mufeum des
Staates unter den Arkaden (Thüre IV nächft dem Ein=
gange in die engl. Garten) ift dem Publikum geöffnet
Dienftag, Donnerftag und Sonnabend von 9—1 Uhr;
kgl. Gemäldegalerie (in Schleißheim), täglich mit Aus=
nahme des Montags von 10½ U. Vorm. bis 1 Uhr
Mittags, dann von 2½ U. Nachm. bis 5 U. Abends
für Jedermann geöffnet; k. Glasmalerei, Louifenftr. 18,
täglich dem Befuche offen, Anmeld. beim Hausmeifter;
Glyptothek (Sammlung von Steinen und Bildhauer=
arbeiten), Montag u. Freitag v. 8—12 u. 2—4, Mitt=
woch von 8—12 U. geöffnet; kgl. Hof= und National=
Theater, jeden Mittwoch, wenn es der Dienft erlaubt,
dem Befuche präcis von 2 Uhr an geöffnet; Hof= und
Staatsbibliothek, an den Werktagen von 9—1 U. für
Fremde geöffnet; Kunftgewerbe=Verein in der I. Etage
des königl. Nationalmufeums hiftor. Galerie, Eingang
links; Lokal=Kunftausftellung der Münchener Kunft=
genoffenfchaft im kgl. Kunftausftellungsgebäude, gegen=
über der Glyptothek, täglich geöffnet von 9—5 Uhr;
kgl. Naturalien=Sammlungen, Neuhaufergaffe, Akademie=
gebäude, I. Stock, Mittwoch und Sonnabend v. 2 bis
4 U., für Fremde täglich Nachm. offen, der Diener ift
durch die Glocke zu rufen; Nymphenburg (k. Schloß),
von früh 9 bis Abends 6 U. zu fehen und haben fich
die Befucher beim Schloßdiener zu melden; Pinakothek
(Bilderfammlung) neue, untere Barerftraße, Sonntag,
Dienftag, Donnerftag und Sonnabend von 8—12 U.,
unterer Saal: Porcellangemälde, nur Morgens von 9
bis 12 U.; Pinakothek ältere, täglich, mit Ausnahme
des Sonnabend, v. 9—2 U. geöffnet; kgl. Refidenz,
jeden Werktag Vorm. 11 U. Befichtigung der fehens=
werthen Appartements, Verfammlung im Herkulesfaal;
Schwanthaler=Atelier, Schwanthalerftr. 2, täglich von
8—6 Uhr Abends geöffnet; Schwanthaler Mufeum
(Eigenthum der Akademie der bildenden Künfte), die
Original=Modelle der bedeutendften Werke Ludwig von

Schwanthalers, von ihm selbst gesammelt, 200 Nummern, dem Besuch zu jeder Tageszeit geöffnet, Schwanthalerstraße 90; kgl. Vasen=Kabinet, Dienstag, Donnerstag und Sonntag von 9—1 U. geöffnet.

Naumburg a. d. S.: 1) „Goldenes Hufeisen“: 2) Jede Druckerei zahlt Viaticum. 5) Der Dom und Bürgergarten.

Neiße: 1) „Zum Kronprinz“. 2) F. Bär's Dr. 3) 9½ Sgr. 4) P. Ellguth, F. Bär's Dr. 5) Die Friedrichstadt mit ihren Casernen und Festungswerken, die sogen. „Berg = Apotheke“, berühmt dadurch, daß mehrere Hohenzollern, darunter Friedrich II., III. und dessen Gemahlin, Louise, darin logirt haben, da sie die Stadt Neisse nicht betreten wollten.

Neuhaldensleben: 1) Gasthof „Zur goldenen Krone“, Magdeburgerstr. 3) 5 Sgr. 4) A. Kösling, C. A. Eyraud'sche Officin. 5) ½ Stunde von hier der wunderschöne Garten und Park des Hrn. v. Nathusius.

Neunkirchen (Reg.=Bez. Trier): 1) Café Bruère. 2) C. A. Ohle's Dr., nur eine im Orte. 3) 7½ Sgr. 4) Adalbert Schindlmahr.

Neu-Ruppin: 1) Der Gasthof von Gladow, Ludwigstr. 2) Buchbinder'sche Druckerei. 3) 7½ Sgr. 5) Der Garten von Gentz.

Neuß: 1) Die Restauration von Hermkes. 2) Jede Druckerei zahlt für sich. 3) 7 Sgr. 4) Fr. van Oberger, Schwann'sche Druckerei. 5) Die Münsterkirche, Rathhaus und das von den Römern vor Christi erbaute Drususthor, noch vollständig erhalten.

Neustadt an der Aisch: 1) Gasthaus „Zum Schwan“. 2) C. W. Schmidt's Dr., die einzige im Orte. 3) 9 Kreuzer.

Neustadt a. Haardt: 1) Gastwirthschaft von Ch. Krieg, Mittelgasse. 2) D. Kranzbühler. 3) 41 Kr. 4) Ch. Watier, Kranzbühler'sche Officin. 5) In unmittelbarer Nähe: Bergstein, Capellenberg, Steinbruch, Wolfsburg (Ruine), die Gemeinde Haardt mit der be-

sonders zu empfehlenden Wolff'schen Anlage. In etwa
1 Stunde Entfernung: Maxburg (Hambacher Schloß);
Weinbiet, einer der höchsten Berge in der Pfalz, auf
welchem gegenwärtig ein Thurm erbaut wird.

Neustadt (Holstein): Wirthschaft von H. Lange,
Rosengarten. 2) In der H. Ehler'schen Buchdruckerei.
3) 6—10 Sch. = 4½—7½ Sgr. 4) N. Hieronymus.
5) Der Hafen, die Schiffswerfte, Bahnhof, Dampfschiff-
Verbindung mit Fehmarn, Kiel und Lübeck.

Neustadt a. d. Orla: 1) „Gasthof zum Schwan",
breite Straße. 2) J. K. G. Wagner's Dr. 3) 3 Sgr.
von drei Gehülfen. 5) Das im altgothischen Styl
erbaute Rathhaus, das Schloß und der Eiskeller, in
welchem es das beste Bier für die ganze Umgegend
giebt. Eine der schönsten Touren von hier ist die
nach Roda, wo man an dem schönen Altenburgischen
Waldschloß „Zur fröhlichen Wiederkunft" vorbeikommt.
Von hier nach Kohla muß man zwei Stunden lang
durch den Altenb. Thiergarten „Hummelshain" gehen.

Neustadt b. Stolpen: 1) „Zur grünen Tanne".
2) Nur eine kleine Dr. im Orte.

Nicolai (O.-Schl.): 1) Wirthschaft von Pajonk,
Bahnhofsstraße. 3) 8 Ngr. 5) In der Umgegend
liegen großartige Hütten= und Steinkohlen=Bergwerke.

Norden (Ostfriesland): 1) Gasthof „Jerusalem".
3) 12½ Sgr. 4) Friedrich Schiller. 5) Die städt.
Pfarrkirche. In der Entfernung von 1 Stunde: Der
Park zu Lütatsburg und der sog. Norddeich, von wo
aus man bei hellem Wetter die Nordsee=Inseln Juist,
Norderney und Baltrum sehen kann.

Nordhausen: 1) „Preuß. Hof", Rumbachstraße.
2) In der Eberhardt'schen Officin, Vogelstr. 3) 7½ Sgr.
4) Gustav Werther, Roy'sche Druckerei, Töpferhagenstr.
5) In unmittelbarer Nähe der Kyffhäuser mit der
Rothenburg (auf letzterer kann übernachtet werden),
der herrliche Harz mit der Roßtrappe.

Oberhausen (am Rhein): 1) „Zum deutschen Hause". 2) Ab. Spaarmann's Dr., allein im Orte. 3) 5 Sgr. 4) Herm. Buhr.

Oberndorf: 1) Gasthof z. „Engel" oder „Bären": 2) Brandecker's Buchdr. 3) 15 Kreuzer. 4) Julius Wißling, Maschinenmeister. 5) Die dem Staate ge= hörige Gewehrfabrik.

Ofen (f. Pest).

Oldenburg im Großherzogth.: 1) „Zum großen Verkehr", Achterstraße. 2) Berndt u. Schwartz. 3) 15 bis 20 Groschen. 4) Ab. Frankenberg, Stalling's Dr. 5) Das Augusteum, Bildergalerie.

Oppeln: 1) Herberge „Zur Heimath", Krakauer= straße. 3) Raabe's Dr. (Ring) 7½ Sgr., Weil= chaenser's Dr. (Krakauerstraße) 6 Sgr.

Osterwick: 2) Nur eine Buchdruckerei im Orte. 3) 5 Groschen.

Papenburg: 1) Joh. Bunte, Friederikenstraße. 2) J. Lüken'sche Buchdr. 3) 5 Sgr. 4) Heinr. Knipper, Friederikenstr. 12a. 5) Schiffswerften und Emsschleuse.

Passau: 1) Gastwirth Wimmer, Schopperwirth, Roßtränk, nächst der Donaubrücke. 2) Gerade Endzahl, z. B. 1870, 72, 74 bei Bucher, Neumarkt; ungerade bei Keppler, Rosengasse. 3) 24 Kreuzer. 4) Eduard Budweil, J. Bucher's Dr. 5) Den Dom, den Ketten= Drahtsteg über die Donau, den einzigen und ersten in Deutschland; die Ruine und den Durchbruch in Hals. Passau liegt in einer reizenden Umgebung und ist von drei Seiten mit Wasser umgeben: Ilz, Inn u. Donau.

Pest: 1) „Hôtel London", gegenüber der Staats= bahn, und Hôtel „Stadt Weizen", Palatingasse. (Die sogen. Herbergen sind hier in einem solch miserablen Zustande, daß sie selbst dem ärmsten Collegen nicht zu empfehlen sind.) 2) „Pester Buchdr.=Actiengesellschaft", Mondgasse, von Herrn Hirsch. 3) 3 Fl. 4) M. Acs, Buchdr. v. Heckenast, Universitätsgasse. Das Vereins= local ist jeden Abend geöffnet, wo Reisende bezüglich

Stellenvermittelung Näheres erfahren können und be=
findet sich dasselbe: Landstraße Nr. 38. 5) Die ca.
700 Fuß lange, auf zwei Pfeilern ruhende Kettenbrücke,
ein Kunstwerk ersten Ranges; die fürstl. Eßterhazy'sche
Gemäldegalerie im Academiepalaste, nächst der Ketten=
brücke, geöffnet Sonntag, Mittwoch und Freitag von
9—1 Uhr, Eintritt unentgeltlich); ferner das nur im
Sommer geöffnete National = Museum, Landstraße, in
dem täglich eine andere Abtheilung geöffnet ist, Eintritt
gleichfalls frei; endlich den im Stadtwäldchen befind=
lichen Thiergarten, mit einer ansehnlichen Zahl sehens=
werther Thiere, Entree 20 Kr., täglich geöffnet. — In
Ofen beschränken sich die Sehenswürdigkeiten auf die
königl. Burg, welche jedoch nur während der Abwesen=
heit der Majestäten besichtigt werden kann. Eine sehr
lohnende Anstrengung ist das Besteigen des Blocks=
berges, auf welchem sich die Citadelle befindet, und
von wo man einen Ueberblick über die beiden Städte
Pest und Ofen aus' der Vogelperspective und außer=
dem noch eine weite Aussicht über die sich hinter dem
Berge theilende Donau in's Land hinein hat.

Pirna: 1) Gasthaus „Zur grünen Tanne". 3) In
F. J. Eberlein's Dr. 2½ Sgr., in H. Diller's Dr.
nach Gutdünken. 4) Wilhelm Blochmann. 5) Heil=
Anstalt Sonnenstein, königl. Lustschloß Pillnitz, über=
haupt ist von Pirna aus, als Anfang der sächs. Schweiz,
des Sehenswerthen hinlänglich viel geboten.

Pirmasens (Rheinpfalz): 1) „Zum Vieh = Hof",
Hauptstraße. 2) Die Collegen zahlen ihre V.=Beiträge
nach dem Vorort u. wird sonach in den meisten pfälz.
Städten kein V. verabreicht. 4) Geschäftsführer Deil.
5) Eine Stunde von hier der Bärenfelsen.

Plauen i. V.: 1) Gasthaus „Zum goldenen Lamm"
(Verkehrsort der hies. Buchdrucker). 2) Jede Druckerei
zahlt ihr Viaticum. 3) 7⅓ Sgr. 4) Clemens Land=
graf. 5) Im ersten Bürgerschulgebäude befindet sich

eine Naturaliensammlung, welche für Jeden und zu jeder Zeit geöffnet ist.

Poßneck (Thüringen): 1) Das „Weiße Roß". 3) 9 Kreuzer. 5) Der Vereinsgarten, die Altenburg.

Polzin: 1) Falß, am Markt. 3) 2½ Sgr. 5) Louisenbad, 15 Minuten von hier entfernt.

Potschappel b. Dresden: 1) „Zum gold. Löwen". 2) Nur eine (F. A. Lüße's) Dr. im Orte. 3) 2 Gr. 5) Denkmal der am 2. August 1869 verunglückten Bergarbeiter.

Preßburg: 1) Gasthaus „Zur Rose", Rosengasse. 2) Wigand's Dr. 3) Unter 6 Wochen auf der Reise 80 Neukr., über 6 Wochen 1 Fl. 4) F. Eichleiter, A. Schreiber's Dr. 5) Schloßruine, Aupark; in der Nähe: das Dorf Blumenau, bekannt durch die Schlacht vom 22. Juli 1866, mit einem Denkmal, sowie einem solchen auf dem Gemsenberge für die Gefallenen.

Quakenbrück: 1) Gastwirth Bödeker. 2) Heinrich Buddenberg. 3) 10 Sgr. 5) „Hohe Pforte", der Hase-Fluß, der sieben Mal durch die Stadt läuft.

Quedlinburg: 1) „Goldener Anker", in der Augustiner-Straße. 3) Dr. von G. Basse 5 Sgr., L. Franke 2½ Sgr., C. Vages 3 Sgr. 4) Theodor Göße, Basse's Dr. 5) Das Schloß, in welches die irdischen Ueberreste des ersten deutschen Kaisers, Heinrich, beigesetzt wurden; im Rathhaus der Kasten, in dem Graf Albert von Reinstein gefangen gesessen; in der Nähe: der Brühl, mit Klopstock's u. Ritter's Denkmal; die Altenburg; zwei St. von hier: die Roßtrappe.

Radeberg: 1) Gasthof „Zum Norddeutschen Hof". 3) 1 Ngr. 4) Buchdruckereibesitzer Gustav Willner.

Radolfzell: 1) „Gasthaus zum Adler", Seestraße. 3) 9 Kr., bei 12 wöchentl. Reise 18 Kr. in Moriell's Buchdr.; am Marktplatz. 5) Die Cathedrale aus dem 8. Jahrhundert; die Vögel-Sammlung in Noppel's Villa, Friedhofstraße; die Untersee-Ufer; der Bodensee;

1 St. von hier „Arenaberg", früher Aufenthaltsort
Napoleon III.; der Hohentwiel, Schwabens Königstein.

Rastatt: 1) „Zur Sonne". 3) 6 Kr. jede der
drei Dr. 5) Das alte Residenzschloß, Festungsanlagen.

Rathenow: 1) „Stadt Rom". 3) 5 Sgr. in
A. Haase's Dr., 2½ Sgr. Stadtgeschenk. 4) Gustav
Goldsche. 5) Standbild des „Großen Kurfürsten"
Fr. Wilhelm von Brandenburg.

Ratzeburg: 1) F. Brunnenberg's Gastwirthschaft.
3) 4 Sgr. in Freystatzky's Dr. 4) F. Haupt. 5) Die
Domkirche.

Ravensburg: 1) „Gasthof z. Krone". 3) 18 Kr.
in der C. Maier'schen Dr. (Eugen Ulmer). 4) Factor
C. Brane. 5) Veitsburg, sog. Mehlsack; in der Nähe
die schöne Kirche in Weingärten.

Regensburg: 1) „Weiße Taube", Kramgäßchen.
2) Manz' Buchdr., Schwarze-Bärenstraße. 3) Unter
2wöchentl. Reise 36, 3—4w. 48 Kr., 5—6w. 1 Fl.,
7—8w. 1 Fl. 12 Kr., das h. B. beträgt 1 Fl. 30 Kr.
4) August Schütz, Pustet'sche Dr. 5) Dom, Fürstlich
Taxis'sche Bildergalerie; in der Nähe: die Walhalla
bei Donaustauf. Route Regensburg-Augsburg via
Kelheim, daselbst die Befreiungshalle.

Reichenbach i. V.: 1) „Gasthaus zum rothen
Hirsch". 3) 1½—2 Ngr. in der Koch'schen Dr., das
B. der anderen Dr. unbekannt. 5) ½ St. von hier
das alterthümliche Schloß und die Gölzschthalbrücke.

Reichenberg: 1) Gasthaus „Zur Kette", altstädter Platz. 3) 1 fl. ö. W. in den Druckereien von
Gebr. Stiepel und Rudolf Gerzabek.

Rendsburg: 1) Herberge von Hein, Grünestr.,
Neuwerk. 3) 6—12 Sgr. in H. Gütlein's Buchdr.,
Schloßplatz, Altstadt. 4) H. Oldenburg.

Reutlingen: 1) „Gasthof zur Traube". 2) Karl
Rupp's Dr, 3) 24 Kreuzer. 4) Constantin Bareis.

Röbel: 1) „Stadt Hamburg". 3) 2½ Sgr.
in P. Reimann's Dr. 5) Die Altstädter Kirche, welche

unmittelbar an dem Müritzsee auf einem Berge steht, und von da aus eine wunderschöne Aussicht auf den See und die Umgegend gewährt.

Rössel (Ostpr.): 1) „Gasthof zum Kronprinz". 2) Nur eine (F. Kruttke's) Dr. im Orte. 5) Die alte Ritterburg in der Stadt; die Fischergaßbrücke, unter welcher Wohnungen sind und unter denen die Zaine fließt; die Säulen dieser Brücke dienen diesen Wohnungen als Schornsteine.

Rostock: 1) Gastwirth Jacobs, Beguinenberg Nr. 11 (Buchdr.=Verkehr). 2) In der Hinstorff'schen Buchdr. 3) 20 Sgr., in Boldt's Dr. extra 2½ Sgr. 4) G. Prasse, Factor der Hinstorff'schen Dr. 5) Das neue Universitätsgebäude am Blücherplatz, das Blücher= Denkmal vor demselben, die St. Marienkirche, der Strand mit dem Hafen und den Schiffswerften, die Wallpromenaden. 3 St. von hier: Ostseebad Warne= münde; 4 St. von hier: Ostseebad Doberan mit dem 1 St. entfernten „Heiligen Damm" an der Ostsee.

Rotenburg a. d. Fulda: 1) „Goldne Krone". 3) 8 Sgr. 5) Das Schloß und der Emanuelsberg.

Ruhrort: 1) Halswick, a. b. Damm. 3) 2½ Sgr. in J. Brendow's Dr. 5) Das Vincke=Denkmal.

Saarbrücken (s. St. Johann).

Saaz: 1) Gasthof „Zur Kettenbrücke", vis-à-vis dem Rathhause. 2) In Saaz ist nur eine (Ferdinand Ritter's) Buchdruckerei. 3) 20 auch 30 Kreuzer.

Sagan: 1) Gasthof „Zur goldenen Krone", alter Ring 6. 3) Raabe'sche Druckerei 4 Sgr., Port'sche Druckerei 1 Sgr. 4) H. v. Knobelsdorff, Raabe'sche Buchdr. 5) Den Schloßgarten und die Fasanerie, nebst Treibhäusern, Fontainen ꝛc. des Herzogs von Sagan; sämmtliche Gemächer des Schlosses; herzogl. Belaria, Aussicht in's Riesengebirge; Promenade um die Camerau.

Salzgitter: 3) Nur 1 Dr. und zahlt 2½ Sgr.

Schleswig: 1) Hüber's „Gasthof im Lollfuß“.
3) 15—28 Sgr. 4) Robertson, Buchdruckerei der
„Schlesw. Nachrichten“.. 5) Die Domkirche, Schloß
Gottorf, Militairkirchhof, auf welchem sich das Denk=
mal der 1864 Gefallenen befindet; der Königshügel, der
von den Oesterreichern am 2. Februar 1864 gestürmt
wurde; das Idstedt=Denkmal auf der Chaussee nach
Flensburg.

Schönebeck bei Magdeburg: 1) Herberge „Zur
Heimath“. 3) 2½ Sgr. Viaticum in Th. Wulfert's
Druckerei. 5) Große Saline und das eine halbe Stunde
entfernte, bei Bad Elmen errichtete Gradirwerk; sowie
ein noch unvollendetes Denkmal für die Gefallenen des
Krieges von 1866.

Schöningen: 3) Nur 1 Dr. und zahlt 2½ Sgr.

Schwerin: 1) Christliche Herberge „Zur Heimath“,
Bergstr. 68.. 2) Hartig'sche Druckerei, Schloßstr. 20.
3) 20 Sgr. 4) W. Hamburg, Schloßstr. 20. 5) Schloß
(gegen Entree von 10 Sgr. auch die sämmtlichen Ge=
mächer) mit Schloß und Burggarten, Regierungsgebäude,
großh. Gemälde=Galerie (unentgeltlich, täglich von 12
bis 2 Uhr, mit Ausnahme von Dienstag und Sonnabend),
Alterthumssammlung (Sonnabends von 3—6 Uhr,
unentgeltlich), die neue St. Paulskirche, der Dom
(Inneres), der Schweriner See mit seinen reizenden
Ufern, Paul Friedrichs Denkmal (auf dem alten Garten).

Schwetz a. d. Weichsel: 1) Hennig, am Markt.
3) 3½—5 Sgr. 4) H. Werner. 5) Die im groß=
artigsten Maßstabe gebaute Irren=Anstalt mit prächtigen
Parkanlagen, eine alte Schloßruine mit einem noch gut
erhaltenen Thurm, von welchem man die ganze Stadt,
den Weichselstrom mit einigen Niederungs=Ortschaften
und die Stadt Culm übersehen kann.

Siegen: 1) Gastwirthschaft von Hermann Otto,
Saumarkt. 3) Unter 12 W. auf der Reise 4—6 Sgr.,
über 12 W. 8—10 Sgr. in der Dr. des Volksblatt,

Marburgerftr.; außerdem ift noch die Vorländer'fche Druckerei zu befuchen.

Solingen: 1) Gaftwirthfchaft von A. Hartkopf, vis-à-vis d. Bahnhof. 2) Pfeiffer's Dr. 3) 6½ Sgr., wer länger als 6 Monat auf der Reife ift, erhält das Doppelte. 4) H. Neumann, Hoffmann'fche Druckerei.

Sonderburg auf Alfen: 1) Gafthof „Sundewitt". 3) 8 Sgr. 4) Th. Hormann, la Motte's Officin. 5) Das Sonderburger Schloß am Alfen-Sund, die Befeftigungswerke, ferner ½ Meile von der Stadt die Düppeler Schanzen. Ueberhaupt lohnt es fich der Mühe; einige Fußtouren in's Innere der Infel Alfen zu machen, da diefelbe die reizendften Parthien Schleswigs auf= zuweifen hat, weshalb Alfen auch oft der Garten Schles= wigs genannt wird.

Stade: 1) „Zum Gutenberg", Stockhausftraße. 2) In A. Pockwitz' Buchdruckerei. 3) 5—7½ Sgr. 4) C. H. Braak, Pockwitz' Druckerei. 5) Mufeum. des Vereins für Gefchichte und Alterthümer der Herzog= thümer Bremen und Verden.

Stendal: 1) Gafthof „Zum Reh" bei Dietrich. 3) In der Druckerei von Franze & Große 5 Sgr., in der von Wilke 2½ Sgr. 4) H. Snädig, Druckerei von Franze & Große.

Stettin: 1) Gafthaus „Zum braunen Roß", Rofen= garten und „Gefellenhaus", Elifabethftraße. 2) Bei H. Schönerts Erben (A. Raft), Breiteftraße (im gold. Hirfch). 3) Bis zu 20 Sgr. 4) F. Henze, Heffen= land'fche Officin. 5) Das Innere der St. Jocobi= Kirche, den Schloß=Hof mit der großen Uhr, die Statuen Friedrich d. Gr. und Friedrich Wilhelm III., fowie das Schaufpielhaus. Zu empfehlen ift eine Fahrt pr. Dampf= fchiff nach Frauendorf und Goßlow; bei letzterem Orte befindet fich der reizend gelegene „Julo", der beliebtefte und befuchtefte Vergnügungsort der Stettiner.

Steyr: 1) Gafthaus „Zum fchwarzen Bären", neben der Druckerei. 3) 30 Kr. 4) Jofef Bachtrog.

5) Die großen Waffenfabriken, das fürstl. Lamberg'sche
Schloß, die gothische Stadtpfarrkirche und besonders
das Innere der Garstner Pfarrkirche. Ueberhaupt ist
die Umgegend von Steyr sehr romantisch.

Stralsund: 1) Gasthaus „Zur Provinz Pommern",
Langenstr. 10. 3) 10 Sgr. 4) F. W. Loock, Regierungs=
Buchdruckerei. 5) Schill's Grab=Denkmal; Besuch der
nahe gelegenen Insel Rügen.

Straßburg: 1) Hebersperger, Thomasplatz Nr. 1.
2) Berger-Levrault et fils, Rue des suifs (Juden=
gasse) 26, von Hrn. Mutterer. 3) 3 Fr. 4) Weber,
Präsident der Société typographique, Rue de l'ontre
Nr. 5. 5) Die Cathedrale; die Domkirche, prächtiges
Meisterstück deutscher Baukunst, mit einer astronomi=
schen Uhr, deren zahlreiche Figuren mit Mechanismus
zur 12. Stunde bewegt werden (das Original derselben
befindet sich gegenüber im Frauenhause, dieses soll be=
deutend detaillirter sein und die Construction soll die
vortheilhafte Einrichtung besessen haben, ohne aufzu=
ziehen, Hunderte von Jahren zu gehen; das Geheimniß
wurde jedoch von dem Erfinder, den man zum Dank
seines Augenlichts beraubte, mit in das Grab genom=
men); der Gutenbergsplatz, auf welchem in mächtiger
Statue unser Meister auf sinnreichem Sockel auf uns
herniederblickt, dasselbe wurde gesetzt im J. 1840 zur
400jähr. Jubiläumsfeier; in der Rue de l'ontre 5,
Hitze's Buchdr., findet man das Haus, in welchem
unser Gutenberg der Welt das Unentbehrlichste geliefert
hat und ist dieses die älteste Buchdruckerei; vom Guten=
bergsdenkmal gelangt man in paralleler Linie durch die
Schlossergasse auf den St. Thomasplatz, hier befindet
sich in der St. Thomaskirche das berühmte Denkmal,
welches Ludwig XV. dem Marschall Moritz von Sachsen
setzen ließ, an welchem der Bildhauer 25 Jahre lang
gearbeitet und wird dieses Kunstwerk viel besucht (in
der Revolution entging dasselbe der Wuth der Jako=
biner und Propagandisten durch die Klugheit eines

wackeren Bürgers, Herrn Mangelschotts, der, als die
Kirche ein Magazin war, durch hohe Haufen von Heu
und Stroh dasselbe verhüllte); die Eisenbahnbrücke;
die Orangerie in Robertsau.

Straubing (Altbaiern): 1) Gasthof „Zum Passauer
Hof". 2) Attenkofer'sche Buchdr. (G. Huber), Salz=
gasse. 3) 24 Kr. rhein. Währ. 4) St. Burkhardt,
J. Mauter'sche Officin. 5) Für Fußreisende lohnen
sich die Touren 1) nach Regensburg (10 Stb.) über
die Marktflecken Wörth und Donau=Stauffegen, der
sehenswerthen Walhalla bei Stauf; 2) nach Passau
links der Donau nach Bogen (2 St.) 1 Dr., über
Benediktinerabtei Metten nach Deggendorf (8 St. v. h.)
2 Dr. Das schöne Städtchen Deggendorf ist berühmt
durch seine früheren Judenvertreibungen und dadurch
entstandenen Hostien=Mirakel. Nächste Druckerei Rückert
in Vilshofen, 10 St. v. Straubing, ebensoweit von
Passau.

Stuttgart: 1) Gasthaus „Zum Mohren", Nadler=
straße 15, Besitzer: Schriftsetzer Fr. Neß. 2) Hoff=
mann'sche Officin, Rothebühlstraße 77, am Feuersee.
(Principals=Viaticumskasse: Hasselbrinck'sche Officin,
daselbst wird das Viat. zugleich ausbezahlt.) 3) Gehülfen=
Viaticum: Bei einer Reisedauer von 1 Woche 1 fl.,
2 W. 1 fl. 15 kr., 3 W. 1 fl. 30 kr., 4 W. und dar=
über 1 fl. 45 kr. (Das Viaticum der Principal=Kasse
unbekannt.) 4) Carl Fritz, E. Greiner'sche Hofbuchdr.
5) In der Stadt: Das königliche Residenzschloß mit
den von dem Hofmaler v. Gegenbauer gemalten Fresken
aus der württ. Geschichte in 7 Sälen und plastischen
Werken von Canova, Dannecker, Hofer, Thorwaldsen.
Eintrittskarten werden von der kgl. Schloßverwaltung
(im alten Schloß) abgegeben. — Auf dem Schloßplatz
steht die 1841 zum Andenken an das 25jährige Re=
gierungs=Jubiläum des verewigten Königs Wilhelm er=
richtete 100 Fuß hohe Jubiläumssäule, im alten Schloß=
hof die kolossale Reiterstatue des Grafen Eberhard im

Bart; auf dem alten Schloß= oder Schillersplatz das
Standbild Schillers von Thorwaldsen. — Die Stifts=
kirche mit herrlichen Glasmalereien und 11 Standbildern
württemb. Grafen vom 13. bis 16. Jahrhundert. —
Die k. öffentliche Bibliothek, Neckarstr. 8, täglich von
10—12 Uhr und außer Mittwoch und Sonnabend
Nachmittags von 2—4 Uhr geöffnet. — Damit ver=
bunden das Münzen= und Medaillen=Kabinet, Neckar=
straße 10. — Das Naturalien=Kabinet, Neckarstr. 6,
Sonntags von 11—1 Uhr, an den Wochentagen von
2—3 Uhr offen. — Museum der bildenden Künste
(Kunstschule), Neckarstr. 32. Die plastische Sammlung
ist Sonntags von 11—1 Uhr, die Gemälde=Sammlung
Sonntag, Mittwoch und Freitag von 11—1 Uhr un=
entgeltlich, an den übrigen Tagen von 10—12 Uhr
und von 2—4 Uhr gegen ein kleines Douceur zu sehen. —
Musterlager der Centralstelle für Gewerbe und Handel,
nebst Webschule, in der Legionskaserne (Königsstr. 74). —
Permanente Kunstausstellung im röm. Kaiser, Rothebühl=
straße 1. — Museum vaterländ. Alterthümer, Kronen=
straße 20. — Der zoologische Garten von Gustav
Werner, Sophienstraße 35. — Ausflüge und Prome=
naden: Der besuchteste Spaziergang, die Anlagen,
welche, mit verschiedenen Werken der Plastik geschmückt,
sich vom k. Residenzschloffe bis gegen Canstatt hin er=
strecken, führt zunächst nach dem Königsbad mit schönen
Gartenanlagen und Bade=Kabinetten, sodann nach Neu=
ner's Stuttgarter Mineralbad bei Berg, einer groß=
artigen, sehr frequentirten Bade=Anstalt mit Bassins,
74 kalten und 60 warmen Bade=Kabinetten, russischen
Dampf=, sowie türkischen (römisch=irischen) Bädern (die
wärmste Trinkquelle der ganzen Gegend ist im Etablisse=
ment); schönen Garten=Anlagen, Hôtel garni und
Restaurations=Gebäude mit großem Saal; Hauptstation
der Pferdebahn im Etablissement. Weiter gelangt man
nach dem gleichfalls stark besuchten Lenze'schen Bade
auf der Insel mit Mineral= und Neckarbädern und aus=
gezeichneter Restauration. In Berg ist noch zu er=

wähnen die neue, in rein gothischem Styl erbaute Kirche und die königl. Villa, in italienischem Styl mit Veranden und Terrassen höchst geschmackvoll gebaut und im Innern von den ersten Künstlern ausgeschmückt. — In der Nähe ist der Rosenstein, k. Luftschloß mit prachtvollen Gemälden, nebst Park und Meierei und das gleichfalls in der Nähe gelegene, in maurischem Styl erbaute k. Luftschloß Wilhelma. Karten zum Eintritt in beide Luftschlösser erhält man vom k. Ober-Hofmarschallamt in Stuttgart im alten Schloßgebäude. Canstatt und Berg können von Stuttgart aus auch mit der Pferdebahn erreicht werden.

Sulzbach (Oberpfalz, Baiern): 1) Gasthof „Zum Kronprinz von Baiern". 2) In der v. Seidel'schen Officin. 3) 12 Kr. 4) Johann Pillhofer. 5) Die reichhaltigen Quellen im Bachviertel und der St. Annaberg mit einer prächtigen Fernsicht nebst Wallfahrtskirche.

Tarnow (Galizien): 1) Gasthof von Länger (Nachtlager kostet 40—50 Kreuzer). 2) Nur eine (A. Rusinowski's) Dr. im Orte. 5) Schützengarten, fürstl. Schloß Gumniska, Cathedrale mit zwei Denkmälern, Bernhardiner-Kloster, Alterthümlichkeiten im Rathhause.

Temesvar: 2) Emanuel Blau, innere Stadt, „Zur eisernen Achse". 3) 1 Fl. 50 Kr., für Kranke ausnahmsweise 2 Fl. ö. W. 4) Josef Lacz, Factor bei Emanuel Blau. 5) Der sogenannte Coronini-Park. Temesvar hat in der Umgebung von 3—6 Meilen Buchdruckereien: Arad 3, Lugos 1, Szegedin 2, Werschetz 1, Weißkirchen 1, Groß-Becskerek 1 und Temesvar 5. Verbindung von Pest aus mittels der Staats-Eisenbahn; Preis III. Classe 8 Fl. 97 Kr.

Teschen: 1) „Hôtel Eisner", am Hauptplatz. 2) Nur eine (K. Prochaska's) Buchdruckerei im Orte. 3) 50 Kreuzer. 4) Wilhelm Fuchs. 5) Das zur Pflege für Kranke eingerichtete Kloster der barmherzigen Brüder; das auf einer Anhöhe gelegene erzherzoglich

Albrecht'sche Schloß mit einem von den Schweden im
vorigen Jahrhundert erbauten Thurme, von welchem
man eine reizende Aussicht über die Stadt und Um=
gegend hat, einem schönen Parke und einer Kapelle.
Thorn: 1) „Zum grünen Baum", Bäckerstraße.
2) Rathsbuchdr. von Ernst Lambeck. 3) 12½ Sgr.
5) Rathhaus, schiefer Thurm; Schloß Dybow.
Tilsit: 1) F. Zacharias' Gasthof, Hohe Straße
Nr. 30. 3) 7½ bis 10 Sgr. 4) Otto Reisewitz,
Netzländer's Dr. 5) Vergnügungsort „Jacobsruhe";
Kirchthurm der luth. Kirche, welcher auf 8 Kugeln
ruht und den Napoleon I. 1807 mitnehmen wollte;
1 St. von hier der Berg Rombinus, auf dem die
alten Heiden ihren Göttern Brandopfer darbrachten.
Trient: 1) „Zum weißen Kreuz" (Alla Croce
bianca). 3) 70 Kr. bis 1 Fl. 30 Kr. in J. Seiser's
Druckerei, 20 Kr. in H. Küpper's Dr. 4) Giebt es
hier nicht; hier ankommende Collegen wollen sich nur
an mich, als den z. Z. einzigen Deutschen hier, wenden,
ich werde nach Kräften jedem freundlichst Gastfreund=
schaft erweisen und ist meine Adresse: Paul Sabathy,
Accidenzsetzer in J. Seiser's Buchdr. 5) Den Dom;
Castello del buon Consiglio, altes Residenzschloß
der Fürstbischöfe, jetzt Caserne; Palazzo Tabarelli,
die Kirche des Concils S. Maria Maggiore mit ihrer
prachtvollen Orgel; La Torre Verde, über 2000 J.
alt; Pie die Castello mit Kirche, gleichen Alters.
Ulm: 1) „Gasthaus zur Hohenschule", Kornhaus=
platz. 2) Gebrüder Nübling, Frauenstr. 3) 24, resp.
36 Kreuzer. 4) Friedr. Mayer, Wagner's Druckerei.
5) Münster, Festung.
Verden: 1) Wachtelhausen's Herberge. 3) 9 Sgr.
4) D. H. Uhde, Söhl's Buchdruckerei.
Vilshofen: 1) „Gasthaus zum grünen Baum".
3) 12 Kreuzer. 4) Druckereibes. Rückert.
Waldenburg: 1) Gasthof „Zur Sonne", Char=
lottenbrunnerstraße. 2) Ferd. Domel's Buchdruckerei,

Gartenstraße, oder: P. Schmidt's Dr., Freiburgerstr. 3) 5 Sgr. 4) H. Wahlers, Maschinenmeister. 5) Gebirgs= partien, Kohlenbergwerke, Porzellanfabriken; in der Nähe: die Kurorte Altwasser, Charlottenbrunn, Salz= brunn, Görbersdorf; ferner die Burgruinen: Fürsten= stein, Kynast, Neuhaus, Hornschloß und die Adersbacher und Weckelsdorfer Felsen.

Weimar: 1) Fremden=Verkehr von Deutrich, in der Nähe der Hofbuchdr. 2) In der Hofbuchdr. 3) 7½ und 10 Sgr. 4) Adolph Krasemann, Hofbuchdr. 5) Das Museum, in der Nähe der Eisenbahn, ist Sonntags und Mittwochs für den freien Eintritt geöffnet, an anderen Tagen für 5 Sgr.; die Herderstatue, von Schaller modellirt, auf dem Herderplatze vor der Stadt= kirche; in der Stadtkirche ein schönes Altargemälde, von Lukas Cranach d. Aelt. († 1553), vollendet 1555 von seinem Sohne; das Schiller=Göthe=Denkmal, von Rietschel modellirt, auf dem Theaterplatze; in der Nähe das Wielandhaus in der Wielandstraße und das Schiller= haus in der Schillerstraße; die Wielandstatue, von Gasser in Wien modellirt, auf dem Wielandplatze; in der Fürstengruft auf dem Friedhofe auch die eichenen Sarkophage Göthe's († 1832) und Schiller's († 1805); unweit des Friedhofes der Felsenkeller mit schöner Aus= sicht auf Weimar; im Schlosse die 4 Dichterzimmer mit Fresken von Neher, Preller und Jäger; die Bibliothek mit verschiedenen Kunstgegenständen und Alterthümern. Von dem an beiden Ufern der Ilm liegenden Parke führt eine Allee in 1 Stunde nach dem in italienischem Styl gebauten Sommerschlosse „Belvedere" mit schönem Parke und Orangerie, von hier schöne Aussicht auf Weimar und Umgebung. Der Park in Tiefurt, ¾ Stunden von Weimar.

Weißenfels a. d. S.: 1) Gasthof „Zum halben Mond". 3) Für den ganzen Saalgau in Halle 15 Sgr. 4) C. Schilling, Kell'sche Officin. 5) Schloß, Marien= kirche, Gerichtsgebäude mit dem Zimmer, worin Gustav

Adolph secirt worden ist; Klemmberg, Heidrich's Wein=
berg, „schöne Aue“, „heiterer Blick“; weiter entfernt
Schönburg und Goseck.

Wesel: 1) Das evangel. „Vereinshaus“. 2) In
A. Bagel's Officin. 3) 10—15 Sgr. 4) Wilhelm
Ziegler, Voß & Fincke's Dr. 5) Das Denkmal der
elf Schill'schen Officiere.

Wien: 1) „Goldene Kugel“, Wieden, Waggasse;
„Goldener Adler“, Leopoldstadt, Taborstr.; „Goldene
Birne“, Landstr. 2) In der Druckerei von Gerold,
Stadt, vis-à-vis der Franz=Josef=Kaserne. 3) Vier
Gulden ö. W. 4) a. Eduard Sieger, Gremial=Vor=
stand, Stadt, Domherrn=Hof; b. Bonschab, Vorstand
des Vereins für Buchdrucker und Schriftgießer Nieder=
österreichs, Alserstr. 18; c. Vereinslocale dieses Vereins:
Josefstadt, Josefsgasse Nr. 11. 5) Die kaiserl. Burg
mit den Monumenten der Kaiser Franz und Josef,
des Erzherzogs Carl und Prinz Eugen von Savoyen.
Anschließend südöstlich an die Burg ist die Augustiner=
kirche mit dem Grabdenkmale Christinen's, aus Canova's
Künstlerhand. Nordwestlich der schöne Volksgarten mit
dem Theseus=Tempel. Am Opernringe der Monumental=
brunnen, ein Geschenk S. Maj. des Kaisers Franz
Josef I. an die Stadt Wien. Die Donau mit der
Stadt Wien darstellend, längs der rechten und linken
Seite dieser Hauptgruppe die in die Donau münden=
den größeren Flüsse in Symbolen. Die Bildergalerie
am Belvedere, Landstraße, Heugasse. Verein für Kunst
und Industrie, Stadt, Ballplatz, Sonntag unentgeltl.
Die kais. Schatzkammer in der Burg. Das Josefinium,
das bürgerliche Zeughaus, Stadt, am Hof. Das Arsenal,
Landstraße. Der Stephansdom, die günstigste Besteigung
desselben 10 Uhr Vormittags. An öffentlichen Gärten
und Belustigungsorten ist der Stadtpark und Volks=
garten, Stadt; der Augarten und Prater, Leopoldstadt;
der Belvederegarten und Schwarzenberggarten, Land=
straße. Besonders noch zu erwähnen das in nächster

Nähe gelegene kaif. Sommerschloß „Schönbrunn", mit Thiergarten, Orangerie, Obelisk und dem berühmten „Gloriette", von da Fernsicht über Wien und Umgebung.

Wiesbaden: 1) Gasthof „Zur weißen Taube", Neugasse; Käsebier's Herberge, Metzgergasse. 2) Laut Beschluß des „Mittelrh. Buchdr.=Verb." wird nur in 9 Orten desselben Viaticum gezahlt; hier keins; nächster Auszahlungsort ist Mainz, Prickart's Dr. 4) Wilh. Meyer, Goldgasse Nr. 7. 5) Der Kursaal mit seinen schönen Anlagen; der Theaterplatz mit dem Schiller= Monument; der Kochbrunnen; der Kranzplatz mit der Hygiea=Gruppe; der Faulbrunnen; das Waterloo= Monument, auf dem Louisenplatz; die kathol. Kirche, ebendaselbst; die evangel. Kirche und das Schloß, am Marktplatz; die neue Synagoge, auf dem Michelsberg; 15 Min. von hier: die prachtvolle Russische Capelle und der Neroberg, von welchem aus ein prachtvolles Panorama zu erblicken ist.

Witten (Ortsverein Witten=Hagen): 1) „Herberge zur Heimath". 2) C. L. Krüger's Dr. 3) 5 Sgr. (Unser Nachbarort Hagen zahlt sein Viaticum für sich.) 4) August Stieglitz. 5) Der Helenen=Thurm und das romantisch gelegene Schloß Steinhausen a. d. Ruhr.

Wittenberg: 1) „Gasthof zur Eisenbahn", in der Collegienstraße. 3) 4—5 Sgr. in den zwei Dr. 4) Th. Winterstein, Maschinenmeister in Fiedler's Dr., Markt 17. 5) Lucas Cranach's, Melanchthon's und Hamleth's Haus; Denkmäler von Luther u. Melanch= thon; Lutherstube, im Kloster; Luthereiche, am Elster= thor, nahe des Bahnhofes; Luthersbrunnen, Dresdner Chaussee; Luther's und Melanchthon's Grab, in der Schloßkirche; die Folterkammer, im Rathhause; 3 St. von hier, auf der Tour über Dessau nach Magdeburg: Wörlitz mit Schloß und engl. Park.

Wismar: 1) „Stadt Altona", am Markt, und „Stadt Braunschweig", Mecklenburger Straße. 2) In Hinstorff's Rathsbuchdr., hinterm Rathhause. 3) 10 Sgr.

4*

4) Ernst Rose. 5) Der Hafen; der Lindengarten; die
Marienkirche, worin einige Kunstwerke und Alter=
thümlichkeiten; das Alterthums=Museum, welches Mitt=
wochs und Sonntags unentgeltlich geöffnet wird.

Wolfenbüttel: 1) Lindemann's Wirthschaft, am
Harzthore, nahe des Bahnhofs. 3) 5 Gr. von 3 Buch=
druckereien. 5) Die große herzogl. Bibliothek, der be=
kanntlich Lessing vorstand und in der sich mehrere
hunderttausend Bände befinden, darunter auch eine der
neun noch existirenden Gutenberg=Bibeln, wie denn
überhaupt hier eine der größten Bibelsammlungen sich
befindet.

Worms: Gasthof „Zum Schwan", und für wenig
Bemittelte: Gasthof „Zum großen Mann". 2) Worms
zahlt kein Viaticum, weil zur mittelrhein. Verbands=
Viaticumskasse zahlend und gehörend. 3) Wird in
Heidelberg, Neustadt a. d. H., Mainz, Aschaffenburg,
Würzburg, Gießen, Erlangen und Ansbach bezahlt.
4) Constantin Schäfer, Vorst. des Ortsvereins und des
mittelrh. Gauverbandes, Druckerei von Eugen Kranz=
bühler, Speyerstr. 5) Das Luther=Denkmal vor dem
Neuthor, das größte nationale Denkmal, das bis jetzt
errichtet wurde; der Dom, f. Z. eins der größten Bau=
werke Deutschlands. Die Liebfraukirche vor dem Mainzer
Thor gelegen, ein lange Jahre hindurch sehr vernach=
lässigtes, von unseren liebenswürdigen Nachbarn, den
bilderstürmenden Franzosen, theilweise zerstörtes, jetzt
so ziemlich wieder renovirtes prachtvolles Bauwerk, in=
mitten der Weinberge gelegen, in welchen der welt=
berühmte Wein gezogen wird, welchen obige Kirche
den Namen gegeben, nämlich „Liebfraumilch"; die
Synagoge, eines der ältesten Bauwerke Deutschlands
in seiner Art, diese blieb nebst der sog. Judengasse, in
welcher sie sich befindet, zweimal von der ganz Worms
in Asche legenden Bränden verschont, die ebenfalls unsere
gallischen Nachbarn angefacht hatten; der Heyl'sche
Garten nebst Schloß, jedem Fremden zugänglich, (auf

dem Fundamente des ehem. bischöfl. Palais soll dieses Schloß erbaut sein); eine halbe Stunde von hier, beim Orte Pfifflingheim, der „Lutherbaum", an welchen sich die allbekannte Luthersage knüpft.

Zerbst: 1) Gasthof „Zur Münze", auf der Haide. 2) Fr. Giese's Buchdruckerei. 3) 5, resp. 7½ Sgr. 4) A. Blaesing, Buchdr. von Römer und Sitzenstock. 5) Das Schloß, der Roland.

Zittau: 1) Gasthof „Stadt Prag", Circusplatz (Vereinslocal). 2) In R. Menzel's Dr. 3) 6 bis 10 Gr. 4) Moritz Kühn, Menzel's Dr. 5) In den um die Stadt angelegten Promenaden spielen im Sommer 7 Fontainen; in diesen Anlagen befindet sich das „Johanneum" (Gymnasium und Realschule), die Bürger= und die Baugewerkschule; in der Nähe des Bahnhofs: das Hochwasser=Reservoir; außerhalb der Stadt: die neue Caserne, die Eisenbahnbrücke; 2 St. von hier: der Oybin mit seinen vielen Ruinen aus grauer Vorzeit, ein von Fremden sehr besuchter Ort; der Töpfer=Felsen und der Hochwald; etwas weiter entfernt: die Nonnenklunzen=Felsen und die Lausche, letztere 2900 Fuß über der Meeresfläche mit der Rundsicht über die böhmische und sächs. Schweiz. — Jeder College, welcher auf seiner Reise hier erkrankt, erhält in dem Gewerbsgehülfen=Krankenhause gute, freie Verpflegung und ärztliche Hilfe. — Reisetour von hier nach Löbau: Warnsdorf (3 St. mit 1 Dr.), Seif= hennersdorf (¼ St. mit 1 Dr.), Gersdorf (1 St. mit 1 Dr.), Rumburg (½ St. mit 1 Dr.), Ebersbach (1½ St. mit 1 Dr.), Neusalza (1 St. mit 1 Dr.), Löbau (2 St. mit 2 Druckereien).

Zwickau: 1) „Gasthof zum Bären", Plauen'sche Straße, oder „Gasthof zum Hirsch", Schneeberger Str. 2) R. Zückler's Dr., Nicolaiplatz. 3) 6 bis 12 Ngr. 4) Karl Gscheidle, Zückler's Dr. 5) Das Schwanen= schloß nebst Park und Teich; die Promenaden. In unmittelbarer Nähe der Stadt: viele Kohlenschächte, worunter der 1400 Ellen tiefe Brückenbergschacht mit seiner 300pferdekr. Fördermaschine, eines der größten Werke dieser Art. Auf der Tour von hier nach Plauen die bei dem Dorfe Mylau erbaute Göltzschthalbrücke, dieselbe mißt in ihrer größten Länge 2045 Fuß, ihre Höhe in der Mitte beträgt 277 Fuß, die Breite der Fahrbahn 28 Fuß, die Spannung der Bogen, welche sich vier Stockwerke hoch thürmen, ist 101 Fuß weit.

Zu spät eingegangen:

Bern: 1) „Eidgenössisches Kreuz", Zeughausgasse. 2) J. Allemann's Dr., Speichergasse. 3) Von 2 Fr. aufwärts. 4) Lack, Allemann's Dr.; Kleiber, Wyß' Dr. 5) Murtenthor; Hirschengraben; Bundespalast (Gemäldegalerie, geöffnet Dienstags u. Sonntags von Vorm. 11—12 Uhr unentgeltlich); Naturhist. Museum, Kornhauskeller; Bärengraben; Schänzli. Promenaden: Plattform beim Münster; große und kleine Schanze. Local der „Typographia": Cafee Roth, Judengasse, im 1. Stock (Zusammenkunft jeden Samstag Abend).

Halberstadt: 1) „Stadt Berlin", Hoheweg. 2) Doelle's Buchdruckerei, Lichtengraben. 3) 6½ Sgr. 4) H. Leyendecker, Doelle's Dr. 5) Die Domkirche.

Leer: 1) „Zum goldnen Schwan", Königsstraße. 3) 7½—10 Sgr. 5) Die Plytenburg, die Evenburg.

Magdeburg: 1) Warth's Restauration, Braunehirschstr. 3. 2) Faber's Dr., Breiteweg 6. 3) 10 Sgr. 4) Ch. Richter, Faber's Dr. 5) Den Dom.

Marienwerder: 1) Herberge von F. Gerbis. 2) F. A. Harich's Dr., Breite Straße. 3) 10 Sgr. 4) Fr. Conradt, Kanter's Hofbuchdr. 5) Domkirche.

Mohrungen: 1) „Zum goldnen Löwen", am Markt. 3) Unbestimmt, jede der zwei Dr. zahlt W. für sich. 5) Das Herderdenkmal.

Silberwerth

der

Rechnungs- und Geld-Währung

in

Preußisch Courant.

(30 Thaler = 1 Pfund feines Silber.)

	Thlr.	Sgr.	Pf.
Aegypten: 1 Piaster à 40 Para	—	1	10
Amerika s. „Central-Amerika" u. „Vereinigte Staaten von Nordamerika".			
Anhalt, Herzogthum, wie Preußen.			
Baden, Großherzogth.: 1 Gulden à 60 Kr.	—	17	2
Bayern, Königreich: desgl.			
Belgien, Königr.: 1 Franc à 100 Centimes	—	8	—
Brasilien, Kaiserthum: 1 Milreïs Papiergeld à 1000 Reïs	—	20	6
Braunschweig, Herzogth.: 1 Thaler à 30 Gr. à 10 Pfennige	1	—	—
Bremen, Freie Stadt: 1 Thlr. Gold à 72 Grote	1	3	—
1 Krone = 8,₄ Thlr. Gold . . .	9	7	2
Central-Amerika: 300 Papier- = 1 Silber- Peso à 100 Cents	1	11	—
1 Gold-Unze = 17 Silber-Pesos.			
1 Piaster à 8 Reales	1	13	1
1 Pfund cut money d. h. unregelmäßige Metallstücke = 18 Piaster.			
In Honduras 40 Kupferdollars = 1 Piaster à 100 Centimes	1	10	—
China, Kaiserreich: 1 Tael oder Lieng à 10 Mehß oder Tsien à 10 Candarihns oder Fan à 10 Kesch oder Li . . .	2	—	—

= Thlr. Sgr. Pf

Dänemark, Königreich: 1 Thlr. Reichsmünze
à 6 Mark à 16 Skilling . . . . — 22 6
1 Reichsthaler Species à 192 Skilling 1 15 4
Frankreich: 1 Franc à 100 Centimes . . — 8 —
Griechenland: 1 Drachme à 100 Lepta . . — 7 3
Großbritannien u. Irland: 1 Pfund Sterling
à 20 Shillings à 12 Pence . . . 6 23 3
in Canada: 1 Dollar à 100 Cents . 1 12 10
in Mauritius (großbrit. Besitzung in
Africa): 1 Dollar . . . . . . 1 13 —
großbritannische Besitzungen in Asien:
1 Comp.=Rupie à 16 Annas à 12 Pice — 20 5
1 Sicca=Rupie à 16 Annas à 12 Pice — 19 11
1 Stern=Pagode à 3½ Rupien . . 2 — —
Singapore: 1 Dollar à 100 Cents . 1 13 —
Trankebar: 1 Reichsthlr. à 12 Fanons — 25 3
1 Gold=Mohur à 15 Comp.=Rupien . 9 17 2
Hamburg: 1 Mark Banco à 16 Schilling — 15 —
1 Mark Courant à 16 Schilling . . — 12 —
Hessen=Darmstadt, Großherzogth., wie Baden.
Holstein: 1 Mark Courant à 16 Schilling — 12 —
Japan: 1 Gold=Kobang à 4 Silber=Itzebus 1 26 —
Italien, Königreich: 1 Lire Italino à 100
Centesimi . . . . — 8 —
Nach dem neuen Münz=Gesetz werden
geprägt: Goldstücke à 100, 50, 20, 10
und 5 Lire. Silberstücke à 5, 2 und
1 Lire. Bisher gebräuchlich in Sicilien:
1 Ducato à 100 Grani à 10 Cavalli 1 4 —
Kirchenstaat: 1 Scudo romano à 10 Paoli
à 10 Bajochi 1 13 1
Liberia, Westafrikanische Republik: 1 Dollar
à 100 Cents 1 12 10
Liechtenstein, Fürstenth.: 1 Gulden à 100 Kr. — 20 —
Limburg, Herzogthum, wie Niederlande.
Lübeck, Freie Stadt, wie Holstein.

= Thlr. Sgr. Pf.

Luxemburg, Großherzogthum, wie Preußen
oder Belgien.

Madagaskar: 1 Elle blaue Leinwand oder
2 Ellen weiße = 1 Piaster, der in
½ oder ¼ zerschnitten wird 1 13 2

Marokko und Feß, Kaiserthum: 7 Mitskal
à 10 Unzen à 27 Quartol 1 2 2

Mecklenburg-Schwerin und -Strelitz, Groß-
herzogthümer: 1 Thlr. à 48 Schillinge
à 12 Pfennige . . . . 1 — —

Mexiko: 1 Piaster à 8 Reales à 4 Cuartillos 1 13 —

Montenegro, unter türk. O.-H, wie Oesterreich.

Monaco, unter ital. Hoheit, wie Italien.

Nassau, Preuß. Provinz: 1 Gulden à 60 Kr. — 17 2

Neugranada, B.-St.: 1 Peso à 10 Decimos
à 10 Centavos . . . . 1 10 —

Niederlande, Königr.: 1 Gulden à 20 Stüber
oder 100 Cents . . . . — 17 —

Nubien und Kordofan, Aegypten unterthan:
10 Maaß Hirse à 18 Hände voll =
1 Piaster . . . . 1 13 —

Oesterreich, Kaiserthum: 1 Gulden ö. W. à
100 Neukreuzer . . . . — 20 —

Oldenburg, Großherzogthum: 1 Reichsthlr.
à 30 Groschen à 12 Schwaren . . 1 — —

Paraguay, Republik: 1 Piaster à 8 Reales
à 4 Cuartillos . . . . 1 13 —

Persien, Königr.: 1 Toman à 10 Sachibkiran
à 20 Schachis oder 100 Dinari . . 3 3 —

Peru: 1 Sonne (sol) à 100 Centavos . 1 10 —

Portugal, Königreich: 1 Milreis à 1000
Reis à 6 Ceitis 1 16 8
(1 Conto = 1000 Milreis).
1 Milreis auf Madeira = 1 Dollar 1 13 4
1 Makuta à 50 Reis . . . . . — 2 4
1 Piaster à 4 Cruzaden 1 13 4
(1 Makuta ist sowohl eine Kupfermünze

= Thlr. Sgr. Pf.

als eine 5 Fuß lange Negerschürze, die auch als Münze dient).

	Thlr.	Sgr.	Pf.
Preußen: 1 Thlr. à 30 Sgr. à 12 Pf.	1	—	—
1 Friedrichsdor gesetzlicher Cours	5	20	—
Reuß, Fürstenthümer, wie Preußen.			
Rußland, Kaiserthum: 1 Silberrubel à 100 Kopeken	1	2	3
Polen: 1 Gulden à 30 Groschen	—	4	10
Finnland: 1 Markä = 100 Penni	—	8	1
Sachsen, Königreich, wie Braunschweig.			
Schleswig, Preuß. Provinz, wie Holstein.			
Schweden u. Norwegen, Königr.: 1 Riksbaler R.=Münze à 100 Oere	—	11	4
1 Thaler Banco à 48 Schill. à 4 St.	—	17	2
1 Speciesthaler Silber à 120 Schill.	1	15	9¾
Schweiz, Republik: 1 Franc à 100 Rappen	—	8	—
Serbien, türk. Vasallenstaat: 1 Steuer=Piaster	—	3	3
Siam, Königreich: 1 Bat à 4 Salungs à 2 Fuangs à 800 Kauris	—	24	9
Spanien: 1 Reale de Vellon à 34 Mara=vedis oder 100 Centim	—	2	2
1 Doblon à 10 Escudos à 10 Reales à 10 Decimes	7	2	6
Tripolis, türk. V.=St.: 1 Piaster à 40 Para	—	1	10
Tunis, desgl.: 1 Piaster à 16 Caruben à 39 Burbinen	—	5	7
Türkei, Kaiserthum: 1 Piaster à 40 Paras à 3 Aspern	—	1	10
1 Medjibié Goldm. von 100 Piastern	6	6	—
1 Medjibié Silberm. von 20 Piastern	1	6	8
Vereinigte Staaten v. Nordamerika: 1 Dollar à 100 Cents	1	12	10
Würtemberg, Königr.: 1 Gulden à 60 Kr.	—	17	2

Neues
Maaß und Gewicht
im
Norddeutschen Bund.

Um den Unterschied zwischen altem und neuem Maaß und Gewicht, welches mit Ablauf dieses Jahres in gesetzliche Kraft tritt, deutlich zu machen, nehme ich das alte rheinische Maaß und das Zoll=Pfund zur Grundlage des Vergleichs.

Die künftigen Bezeichnungen des **Längenmaaßes** sind: Strich (Millimeter), Neuzoll (Centimeter), Stab (Meter), Ruthe, Kette u. Neumeile, so daß der Stab den Mittelpunkt der Berechnung bildet. 1000 Strich = 100 Neuzoll = 1 Stab, 5 Stab = 1 Ruthe. 2 Ruthen = 1 Kette, 750 Ketten oder 7500 Stab = 1 Neumeile. 1000 Stab = 1 Kilometer. 1 Stab = 3 Fuß 2 Zoll $2^1/_5$ Linien rheinisch.

Die **Flächenmaaße** heißen: Quadratzoll, Quadratstab, Quadratkette, Hectar. 10,000 Quadratzoll = 1 Quadratstab, 100 Quadratstab = 1 Quadratkette, 10,000 Quadratstab = 1 Hectar; $1/_4$ Hectar oder 2500 Ketten = 1 Morgen preuß. = 180 Quadratruthen.

Die **Körpermaaße** heißen: Kubikstab, Kanne oder Liter, Schoppen, Neuscheffel. Ein Tausendstel Kubikstab = 1 Kanne, $1/_2$ Kanne = 1 Schoppen, 50 Kannen = 1 Neuscheffel, 2 Neuscheffel = 1 Faß. 1 Kanne = $87/_{100}$ preußisches Quart.

Die **Gewichtsmaaße** heißen: Gramm, Deka=
gramm oder Neuloth, Kilogramm, Pfund, Centner
und Tonne. Die Einheit bei der Berechnung ist das
Kilogramm, die Gramme werden durch Zehn, Hundert
und Tausend weiter getheilt, so daß also 1 Gramm
= 10 Decigramm oder Dekagramm = 100 Centi=
gramm = 1000 Milligramm ist.

10 Dekagramm = 1 Neuloth, 50 Neuloth oder
500 Gramm = 1 Pfund, 2 Pfund = 1 Kilogramm,
100 Pfund oder 50 Kilogramm = 1 Centner, 20
Centner oder 2000 Pfund, oder 1000 Kilogramm =
1 Tonne.

Nach Zollgewicht sind: 1 Kilogramm = 2 Zoll=
pfund, 50 Neuloth = 1 Zollpfund, 1 Neuloth == 6
Quentchen Zollgewicht, 1 Gramm = 6 Centner Zoll=
gewicht.

II. Theil.

Poetische Scherze u. Satyren

von deutschen Lichtfreunden.

Inhalt.

Der Gasthof.

Narziß, ein Reisender, kam schläfrig, müd' und matt
Im Abendzwielicht einst in eine kleine Stadt.
Kaum rasselte sein netter Wagen
Vor's Gasthaus hin, da sprang der Wirth herbei,
Um mit entblößtem Haupt zu fragen,
Was zu des Herrn Befehlen sei.

„Ein reinliches Gemach, nebst einem guten Bette!"
Rief's aus der Kutsche Grund hervor.
Da zog der Wirth die Achsel bis an's Ohr,
Und seufzte: „Wenn ich Raum noch hätte,
Wie gern wollt' ich zu Diensten sein!
Allein mein Häuschen, eng und klein,
Gewährt für Reisende vom Stande nur ein Zimmer,
Und dieses ist auf heut und immer
An eine Dame schon versagt,
Die oft durch dieses Städtchen reiset,
Gemeiniglich zu Nacht hier speiset,
Und wieder abfährt, wann es tagt." —

„Ei", rief Narziß, „das klingt für mich sehr traurig!
Ich sterbe schier vor Müdigkeit;
Die Nacht ist sternlos, kalt und schaurig,
Und bis zum nächsten Ort der Weg noch allzuweit."

1

Die Dame kommt doch wohl nicht heute;
Drum laß' er, Freund, ihr Bett und Stübchen mir!
Ich bleibe nur acht Stunden hier,
Und zahle dann so gut als andre brave Leute." —

„Mein Herr, ich wagte viel;" entgegnete der Wirth;
„Weil aber oft sich hundert Sonnen neigen,
Eh' sich zu mir ein solcher Gast verirrt,
So will ich mich gefällig zeigen:
Geruhn Sie also auszusteigen!" —

„Gut!" sprach Narziß, der jetzt sein Reisehaus
Gar wohlgemuth verließ: „Doch ding ich mir noch aus:
Ich muß auf jeden Fall in meiner Ruhe bleiben,
Und wenn ein Engel kommt, er darf mich nicht vertreiben!"

Als es der Wirth versprach, zog er mit Sack und Pack,
Nebst seinem muntern Diener, Jack,
In's nette Heiligthum der Dame,
Und machte sich mit seinem Krame
In allen Winkeln flugs so breit,
Als nähm' er hier Besitz auf eine Ewigkeit.

Der zehnte Glockenschlag entwälzte jetzt dem Herzen
Des Gastwirths jeden Sorgenstein.
Er sprach zum Hausgesind: „Wohlan, löscht alle Kerzen,
Und geht in euer Kämmerlein;
Denn nun trifft heut die Dame doch nicht ein." —
Drauf zog er seine Troddelmütze
Tief über's Ohr; das Unterhaus ward stumm,
Und auch im Oberhaus stand von dem Polstersitze
Der Fremdling auf, und sah sich nach den Federn um.

In diesem Augenblick ertönte
Durch's öde Städtchen Peitschenknall,
Vermischt mit eines Posthorns Schall,
Und rasselnd, daß die Erde dröhnte,
Kam eine Kutsch' im raschen Trab
Den rauhen Pflasterweg herab.

Brr! hielt sie vor des Gasthofs Thüre;
Zwei weibliche Gestalten stiegen aus,
Und wunderten sich sehr, daß Niemand aus dem Haus
Vorhanden sei, wie sich doch wohl gebühre.

Sie klingelten, der Postknecht fluchte drein,
Und endlich kam der Wirth gesprungen.
Ein Stimmchen rief: „Das ist nicht fein!
Hat ihn der Schlaf so früh bezwungen?
Wir fliegen freilich spät, wie Fledermäuse, ein;
Ich nick' auch selbst ein bischen schon im Wagen,
Und werde heut nach nichts, als nach dem Bette fragen.
Mein Zimmer wird doch wohl in Ordnung sein?
Er hat ja, täuscht mich nicht der Schein,
Sogar schon Licht hinauf getragen." —

Der arme Wirth, der sich um's Herz nicht wohl befand,
Und sprenkelkrumm gebückt, nach alter Weise
Der Aengstlichkeit, die Hände rieb und wand,
Begleitete die beiden Fledermäuse
Jetzt in das Haus, und sprach so unterthänigst leise,
Daß Herr Narziß, der Horcher, nichts verstand.
Doch bald rief hell das Stimmchen wieder:
„Was helfen seine Klagelieder?
Meint er, daß ich im Stalle schlafen kann?
So wetteten wir nicht, mein guter Mann!
Da hier, vor tausend neuen Gästen,
Mein älterer Contract das Vorzugsrecht behält,
So weich ich nicht dem Ersten Besten,
Der gleichsam aus den Wolken fällt.
Und wenn der Passagier ein deutscher Reichsfürst wäre,
Aus meinem Zimmer muß er fort.
Verlier' er weiter nun kein Wort,
Und meld' er jenem Herrn, was ich hiermit erkläre.
Doch halt, ich gehe mit! Sein plumper Unverstand
Macht sonst das Uebel wohl noch schlimmer;
Wahrscheinlich aber ist der Fremde so galant,
Und zankt sich nicht mit einem Frauenzimmer." —

„Aha! das ist der alte Satz,
Auf den so gern die Damen pochen!
Doch diese Regel wird oft heilsamlich gebrochen:
Sie säßen überall sonst längst auf unsrem Platz,
Und zwängen uns zum Stricken und zum Kochen." —
Indem Narziß so lieblos denkt,
Hört er die Zankenden schon auf der Treppe wandeln,
Und husch! liegt er im Sopha tief versenkt,
Als hätt' er nicht gehört, was sie so laut verhandeln.

Es ward geklopft er rief: „Herein!"
Da trat denn, nebst dem Wirth, die Donna in sein Stübchen.
Sie schien ihm sehr des Ansehns werth zu sein.
„Hm!" brummt' er in den Bart: „Fürwahr, ein feines Liebchen!"

Sie war kein Kindchen mehr, das furchtsam erst begann,
Auf Herzenskaperei in's Meer hinaus zu stechen;
Doch konnt' auch wohl kein Ehrenmann
Vom Schiffchen ihrer Reize sprechen,
Daß es bei jener Kaperei
Zu lange schon gebraucht und leck gewesen sei.
Kurz, unsre schöne Magelone
War zwei und zwonzig Sommer alt,
Und ganz, an Wesen und Gestalt,
Das Nachbild einer Amazone.

Ihr feuervoller Blick aus schwarzen Augen stach
Sehr mit dem Ach- und Wehgesichte
Des Gastwirths ab, der also sprach:
„Da sehn Sie nun, mein Herr, die häßliche Geschichte!
Wo soll die gute Dame hin?
Es ist — so wahr ich ehrlich bin! —
Kein andrer Rath: Sie müssen, ohne Säumen,
Mit Sack und Pack dieß Zimmer wieder räumen."

Narziß:

Ich muß? Wagt er dieß Wort? Mich wundert, lieber Mann,
Daß sein Gedächtniß ihm so untreu werden kann.

War die Bedingung nicht, ganz ungestört zu bleiben?
Ich sprach: Ein Engel selbst darf hier mich nicht vertreiben.
Der Fall ist wirklich da: ein Engel steht vor mir;
Doch desto lieber bleibt ein kluger Mann nun hier.

Der Wirth (fort laufend):

O weh, mir brennt der Kopf! Ich zieh' ihn aus der Schlinge.

Die Dame:

Das ist ein feiner Hecht! Da macht er tolle Sprünge
Die Treppe nun hinab, und läßt uns hier allein.

Narziß:

So möcht' ich immer gern bei schönen Damen sein.

Die Dame:

Mein Herr, Sie würden mich durch mindre Schmeichelsünden
Und mehr Gefälligkeit ganz ungemein verbinden.

Narziß:

Verzeihen Sie! Ich bin ein starker Egoist,
Der niemals seinen Freund, sein theures Ich vergißt,
Der die Bequemlichkeit als seine Göttin ehret,
Und mit Vergnügen nur den süßen Schlaf entbehret,
Wenn sich ein schönes Kind zugleich im Wachen übt,
Und durch Gespräch und Scherz den Stunden Flügel giebt.

Die Dame:

So weiß ich wahrlich nicht, warum Sie hier noch zaudern?
Sie finden Damen wohl, die gern selbander plaudern.

Narziß:

Ein Abenteurer nur sucht über Meer und Land
Ein holdes Glück, das er schon in der Nähe fand.

Die Dame:

Was spielen wir, mein Herr, mit Worten und Sentenzen?
Ich bin jetzt nicht gelaunt, in diesem Fach zu glänzen.

Sie zaubern auch fürwahr! mich durch kein Schmeichelwort
Und keine Witzelei aus diesem Zimmer fort.
Doch Sie verlassen es!

Narziß:

Unmöglich, meine Schöne!

Die Dame:

Herr, ich verbitte mir dieß ewige Gehöhne!
Ich weich und wanke nicht.

Narziß:

Ich bleibe, wo ich bin.

Die Dame:

Mir — mir gehört dieß Bett.

Narziß:

Und ich — ich schlafe drin!

Die Dame:

Ja, wagen Sie's es nur!

Narziß:

Das werd' ich.

Die Dame (zur Thür hinaus rufend):

He Nanette!
Komm und entkleide mich!

Narziß (thut desgleichen):

Heb, Jack, ich will zu Bette!

Die Kammerzof' und der Lakai
Wettliefen athemlos herbei,
Und unter ihren Händen flogen,
Herab gerupft, herab gezogen,
Hier eine Haube, dort ein Kleid.
So war in wenig Augenblicken
Mit bunten Garderobenstücken
Der Boden gleichsam überschneit.

Das Glockenspiel der herrschaftlichen Zungen
War auch indessen nicht verklungen,
Und eben recht im Zug und Schwang,
Beleidigungen auszuspenden,
Als ihres Kammermädchens Händen
Die schöne Dame wild entsprang.
Entschlossen und beherzt, den Rang
Dem Nebenbuhler abzulaufen,
Warf sie mit einem raschen Stoß,
Was ihr im Weg stand, über'n Haufen,
Und stürmte so auf's Gastbett los.

Allein sie war noch nicht am Ziele,
Da merkte schon Narziß den bösen Plan,
Und blitzschnell nahm er seine Bahn
Auch über Kleider, Tisch' und Stühle,
Und kam mit ihr zugleich dort auf dem Kampfplatz an.
Da gab's ein Kämpfen und ein Ringen;
Es fiel ein Wolkenbruch von Schimpf und Spötterei'n,
Und Beide stürzten sich zuletzt mit gleichen Sprüngen
In einem Hui ins Bett hinein.

„O weh! Sie werden sich ermorden!"
So riefen Jack und Nettchen aus,
Und flüchteten in's Unterhaus!
Doch war der Kampf so ernsthaft nicht geworden.
Man sah die Leutchen, die sich jetzt
Katzbalgten wie ergrimmte Drachen,
Nach sieben Stunden unverletzt,
Mit Taubenzärtlichkeit erwachen,
Und ehe noch ein Mond verging,
Verbanden sie sogar sich durch den goldnen Ring,
Im Ehebett hinfort den Bettkrieg zu belachen!

Anekdote von Ferd. Freiligrath.

Von Naſſau's Burg der edle Herr vom Steine
Und noch ein Wack'rer, derb und turnerfahren,
Ein Bürgerkind mit langen Burſchenhaaren —
Die fuhren einſt zuſammen auf dem Rheine.

Wie war er grün von Wallnußlaub und Weine!
Wie grau von Trümmern, die nicht Veſten waren!
Anſchaut' in ſeinem Spiegel ſich, dem klaren,
Raubneſt um Raubneſt, ſchroff, in roſt'ger Bräune.

Dem Stein, wie billig, ſchwoll die Freiherrnader:
„O Glück, ein Kind ſich des Geſchlechts zu wiſſen,
Das alſo trotzig Quader hob auf Quader!"

Der Andre drauf: „Meins hat ſie abgeriſſen!
„Und das iſt mein Stolz — doch darum kein Hader!" —
Der Freiherr hat die Lippe ſich gebiſſen.

------◆------

Die Haushaltung.

Zankſt Du ſchon wieder? ſprach Hans Lau
Zu ſeiner lieben Ehefrau.
„Verſoffner, unverſchämter Mann" — — —
Geduld, mein Kind, ich zieh' mich an — —
„Wo nun ſchon wieder hin?" Zu Weine.
Zank' Du alleine.

„Du gehſt? — — Verdammtes Kaffeehaus!
Ja! blieb er nur die Nacht nicht aus.
Gott! ich ſoll ſo verlaſſen ſein? —
Wer pocht? — — Herr Nachbar? — — nur herein!
Mein böſer Teufel iſt zu Weine:
Wir ſind alleine."

Das Gesetzbuch.

Es war einmal ein Grübelkopf, der immer schalt und muckte,
Und gern in jeden Küchentopf mit langem Halse guckte.
Er wußte weder Gicks noch Gacks von Haus- und Wirthschafts-
sachen,
Und doch war nichts dem Meister Star nach seinem Sinn zu
machen.
Drum schrieb er nach Regentenart ein Buch voll Hausgesetze.
„Da, Weibchen!" sprach er: „Das erspart uns künftig viel Ge-
schwätze.
Befolge, was dieß Werk gebeut, thu' weder mehr noch minder!
Dann leben wir in Einigkeit, wie gute, fromme Kinder." —
„Ach!" seufzte sie: „das werde wahr! An mir soll's nimmer
fehlen.
Ich will die Körnchen Salz sogar nach Deiner Vorschrift zählen."

Nun ging der Querkopf über Land einsmal mit ihr zum Schmause.
Sie stolperten durch Moor und Sand bei Sternenlicht nach Hause.
Da stürzt' er zwischen Rohr und Schilf, berauscht von süßem
Weine.
„Ach, Liebchen!" rief er: „Komm und hilf mir wieder auf die
Beine!" —
„Hm!" sagte sie: „Ich weiß nicht gleich mich rechtlich zu betragen.
Ich will doch über diesen Streich erst Dein Gesetzbuch fragen."
Fort lief sie lachend. Meister Star nahm sich nun selbst zusammen,
Und schenkte sein Gesetzbuch stracks daheim den Feuerflammen.

Der Esel mit dem Löwen.

Als der Esel mit dem Löwen des Aesopus, der ihn statt
seines Jägerhorns brauchte, nach dem Walde ging, begegnete ihm
ein anderer Esel von seiner Bekanntschaft und rief ihm zu:
„Guten Tag, mein Bruder!" — — „Unverschämter!" war die
Antwort. — „Und warum das?" fuhr jener Esel fort. „Bist
Du deswegen, weil Du mit einem Löwen gehst, besser als ich?
mehr als ein Esel?"

Der Wegstreit.

Stolz saß ein Herr, von dessen Witz
Die Leute nicht viel Gutes sagen,
Auf seiner Sänfte Polstersitz,
Und ließ sich von Heiducken tragen.
Sie schrie'n gebietrisch: Vorgesehn!
Und dennoch blieb, wie eine Mauer,
Vor ihnen Kopf an Kopf ein Bauer,
Beladen mit zwei Schöpsen, stehn.
„Blitz!" rief er aus: „Ich sollte meinen,
Ihr großen Hänse wichet mir!
Denn ich bin mehr bepackt, als ihr:
Ich trage Zwei und Ihr nur Einen." —

———◦❈◦———

Die Reise nach Kalbe.

„Wo fahr' ich zu?" — frug Müllers Steffen
Den muntern Capitän Duvall.
„Ganz rect, nach Veau will if heut treffen:
Da gibts Concert, ein Tanz und Ball!" —
„Nach Wo?" fragt Steffen, — „ja, das will ich hören?"
„Naf Veau, naf Veau!" schrie jener laut,
„Fahr boucre mich, sonst will ich lehren,
Daß ich Dir prügel will die Haut!" —
„Das Städtlein Veau liegt, wenn ich mich entsinne,
Gar in der Schweiz;" fiel der Schulmeister ein.
„Ach!" schrie Duvall, „da komm if noch von Sinnen.
Was Schweiß, was Schweiß! il fait froid. spann an!
Ich will, ach — könnt' if deuts nur halbe —
Naf — sacre nom de Dieu! — naf Kind von Kuh!"
„Ich hab's, ich hab's!" schrie Steffen, „'s geht nach Kalbe."
„Nu, Schwager Steffen, fahre zu!"

Der wohlgesinnte Liebhaber.

In Nebelduft und Nacht versank
Das Dörfchen und die Flur.
Kein Sternchen war mehr blink und blank
Als Liebchens Aeuglein nur.
Da tappt' ich still mich hin zu ihr;
Warf Nüss' an's Fensterlein.
Sie schwebt' im Hemdchen an die Thür
Und ließ mich still hinein.

Husch! sie voran; husch! ich ihr nach
Wie leichter Frühlingswest,
Hinauf zur Kammer unter'm Dach,
Hinein in's warme Nest! —
„Rück' hin! Rück' hin!" — „Ei, schönen Dank!" —
„O ja! O ja!" — „Nein, nein!" —
Mit Bitten halb, und halb mit Zank
Schob ich mich doch hinein.

„Hinaus", rief Liebchen schnell, „hinaus!
Hinaus auf's Schemelbrett!
Ich ließ Dich Schelm wohl in das Haus,
Allein nicht in mein Bett." —
„O Bett", rief ich, „du Freudensaal,
Du Grab der Sehnsuchtspein!
Bewahrt auch Eisen dich und Stahl,
So müßt' ich doch hinein."

Drauf küßt' ich sie, von heißer Lust
Durch Mark und Bein entbrannt,
Auf Stirn', auf Auge, Mund und Brust,
Und hielt sie fest umspannt. —
„Ach, Schelmchen, nichts zu arg gemacht,
Damit wir nichts bereu'n!
Du sollst auch wieder morgen Nacht,
Und alle Nacht herein." — —

Doch ach! noch war kein Monat voll,
Da merkte Liebchen klar,
Daß unter ihrem Herzchen wohl
Nicht Alles richtig war.
„O weh, Du hast es arg gemacht!
Nun droht mir Schmach und Pein.
Ach, hätt' ich nie erlebt die Nacht,
Da ich Dich ließ herein!" —

Das Mädchen seiner Lieb' und Lust
In Angst und Pein zu seh'n,
Ist von der ärgsten Heidenbrust
Wohl schwerlich auszusteh'n.
Wer A gesagt, der sag auch B,
C, D dann hinterdrein,
Und buchstabire bis in E—h'
Sich treu und brav hinein!

Ich nahm getrost, so wie sie war,
Mein Liebchen an die Hand,
Und gab ihr vor dem Traualtar
Der Weiber Ehrenstand.
Kaum war der Fehl gebenedeit,
So schwanden Angst und Pein;
Und — wohl mir! — sie hat's nie bereut,
Daß sie mich ließ hinein.

Unterricht im deutschen Style.

Zum ersten April sind 3 durcheinander laufende Zimmer zu vermiethen, wo? erfährt man im Intelligenz-Comptoir.

Ein junges Mädchen, welches in einem Branntweins-Geschäft erzogen ist, wünscht als Ladenmädchen sogleich oder zum 1. Oktober placirt zu werden. Das Nähere im Intelligenz-Comptoir.

An den Tabak.

(Parodie auf Schillers Lied: „An die Freude".)

Tabak, Leckerei der Götter,
    Kräutlein aus Elysium!
Hausverdruß und Regenwetter
    Führt uns in dein Heiligthum.
Deine Zauber trösten wieder,
    Wen sein liebes Weib gequält;
Bettler werden Fürstenbrüder,
    Wenn's an Schwamm und Feuer fehlt.
      Seid umschlungen, Millionen!
      Allen Rauchern diesen Kuß!
      Brüder, übern Sternen muß
      Unsers Krautes Finder wohnen!

Wem der große Pascha gefallen,
    Echtes Knasters sich zu freun;
Wem aus Meerschaum Dämpfe wallen,
    Mische seine Jubel ein.
Ja, wer auch nur Lausewenzel
    Füllt in seinen irdnen Kopf,
Schließe sich an uns, als Schwänzel;
    Und, wer's nicht kann, bleib' ein Tropf.
      Was sich zählt zum Rauchervolke,
      Huldige der Sympathie.
      Zu den Sternen leitet sie
      In der großen Tabakswolke! —

Wollust trinken Millionen
    Aus der Pfeifenspitze Born;
Die in niedern Hütten wohnen,
    Dampfen Eichenblatt aus Horn.
Herrlich muß der Thon sich wölben,
    Den die Kunst für Knaster schuf;
Sonnenbrüder stänkern gelben,
    Und der Sultan räuchert Muf.

Lüstern seh' ich Blicke fliegen:
 Sucht Ihr einen Fidibus?
  Ueberm Leuchter, Freunde, muß,
 Ueberm Leuchter muß er liegen.

Tabak heißt der große Wecker
 In des Arztes Todtenuhr;
Tabak zeigt dem feinsten Schmecker
 Erst des Kaffee's Nectarspur.
Tabak mengt das Loos der Staaten,
 In der Männer Assemblee;
Tabak stärkt zu Heldenthaten,
 Wie zum Reden — der Kaffee.
  Habt Ihr etwas noch zu geben,
   Fehlt es auch am Brot im Haus,
   Gebt's für Tabak freudig aus,
  Freudig, wie ein Held für's Leben.

Zu der Wahrheit Sonnenlichte
 Schwebt der Forscher rauchend hin;
In Sermonen, in Gedichte
 Bringt der Tabak Kraft und Sinn;
Tagelöhner führt zu Pausen
 Oft des Stopfens heil'ger Brauch;
Durch den Ritz verschloss'ner Klausen
 Sah man Mädchen selbst im Rauch.
  Giebt's ein Zahnweh zu verschmerzen,
   Giebt es eins zu fürchten nur: —
   Braucht die edle Tabakskur,
  Mädchen laßt die Thoren scherzen!

In dem Prachtsaal ruht die Pfeife,
 Doch daneben darf sie glühn.
Kommt zum grünen Tafelstreife,
 Wo Euch gelbe Blumen blüh'n.
Fern von buntem Tanzgetümmel,
 Hört des Schicksals leises Wort,
Und genießt im Wolkenhimmel
 Euren braunen Nectar dort.

Nichts von Klage sei zu spüren!
An dem Spieltisch rollt noch Geld.
Angeführt sein will die Welt,
Und so eilt, sie anzuführen!

Was Prometheus uns gegeben,
War die Gluth im Pfeifenrohr.
Tabak lieh der Menschheit Leben,
Und ein Kloß war sie zuvor.
Brüder, trinkt ein Gläschen Kümmel,
Daß der Seele Flug sich hebt!
Blas't den blauen Dunst gen Himmel,
Wo des Tabaks Gründer lebt.
Der von Westens neuem Himmel
Die geraubte Flamme beut,
Dem Prometheus unsrer Zeit,
Unserm Nicot Rauch und Kümmel!

Festen Muth bei schönen Augen!
Hülfe, wenn sie unsern droh'n!
Worte, die zum Hören taugen,
Ist Euch auch die Macht entflohn!
Tabaksduft vor Stutzernasen!
Brüder! gebet Euch das Wort,
Laßt die feinen Riecher blasen,
Aber stänkert immer fort!
Pumpt des Rauches Ströme schneller!
Schwört bei diesem Branntewein,
Dem Gelübde treu zu sein,
Schwörts bei Limburg, Quant und Kreller!*)

Rettung vom Pantoffelholze!
Männerfreiheit über's Geld!
Bändigung von Frankreichs Stolze,
Daß uns keine Sperre quält!
Lasset dunkle Leinwand weben,
Kommet bei den Frauen ein;

*) Drei früher berühmte Tabaksfabrikanten.

Allen Rauchern soll vergeben
Und das Waschen nicht mehr sein!
Nur im Thun erscheint das Laster,
Alles ruht im Himmelreich;
Brüder! dort erwartet Euch
Eine gute Pfeife Knaster.

Julie, die Erkenntliche.

Weil die Natur an Reizen ihr verschwend'risch Alles gab;
Schlägt Julie voll Dankbegier auch der Natur — nichts ab.

Der Adelsbrief.

Zu einem Nachbar sprach ein neuer Reichsbaron,
Der sich zum Volksfreund heucheln wollte:
„Ich bin zwar Edelmann, doch, lieber Lifimon,
Wenn es das Volk verlangen sollte,
So würd' ich zum Beweis, wie wenig stolz ich bin,
Flug's meinen Adelsbrief verbrennen."
„Ei, Herr! das würden Sie nicht können",
Versetzte Lifimon; „er ist noch allzugrün."

Heute mir, morgen dir.

Ein Junker, der nach Junkersbrauch
Dem Kutscher Ruhbart Hörner setzte,
Und weidlich lachend, daß der Bauch
Ihm bebte, sich darob ergötzte,
Vernahm aus einem nahen Strauch,
Wo Ruhbert saß, den das verhöhnte:
„Sohn, hüte Dich! — So lach' ich auch,
Als Deiner Mutter Mann ich krönte."

Der Kirchenbau in Aachen.

Legende.

In Aachen ward vor grauer Zeit
Ein Kirchenbau voll Eifer angefangen.
Der Hammer und die Axt erklangen
Sechs Monden lang mit seltner Thätigkeit.
Doch leider war der frommen Christenheit,
Die dieses Werk betrieb, das Geld nun ausgegangen.
Es stockte schnell der Baugewerken Lohn:
So schnell auch ihre Lust, zu hämmern und zu hauen.
Die Menschen hatten nicht so viel Religion,
Ein Gotteshaus auf Conto zu erbauen.

Nur halb vollendet stand es da,
Und glich schon sinkenden Ruinen.
In seinen Mauerritzen sah
Man Steinmoos, Gras und Eppich grünen.
Schon suchten hier die Käuzlein einen Platz,
Wo sie gemächlich hausen wollten,
Und Buhlerei trieb da der freche Spatz,
Wo Priester längst die Keuschheit lehren sollten.

Die Bauherrn sannen kreuz und quer,
Und liefen hin und liefen her.
Umsonst! Es wollte sich kein reicher Mann entschließen,
Ein rundes Sümmchen vorzuschießen.
Bei Sammlungen von Haus zu Haus
Fiel auch die Ernte dürftig aus:
Statt der gehofften goldnen Füchse,
Fand man nur Kupfer in der Büchse.

Nach drob empfangenem Bericht,
Verzog der Magistrat mißmüthig sein Gesicht,
Und blickte nach der Tempelmauer
Mit tief bekümmertem Gemüth,
Gleich einem Vater, der voll Trauer
Sein Lieblingskind verderben sieht.

In dieser ängstlichen Minute
Erschien ein fremder, feiner Mann,
Der etwas stolz in Ton und Blick begann:
„Bonsdies! Man sagt, Euch sei nicht wohl zu Muthe.
Hum! wenn's an Geld nur fehlt, so tröstet Euch, Ihr Herrn,
Mir zollen Gold- und Silberminen;
Ich kann und will daher Euch gern
Mit einer Tonne Goldes dienen!" —

Wie eine Säulenreihe saß
Der staunende Senat und maß
Mit großen Augen still den Fremden auf und nieder.
Der Bürgermeister fand zuerst die Sprache wieder:
„Wer seid Ihr, edler Herr, der, uns ganz unbekannt,
Von Tonnen Goldes spricht, als wären's kahle Bohnen?
Nennt Euern Namen, Euern Stand!
Wie? Oder seid Ihr gar aus höhern Regionen
Zu unsrer Rettung her gesandt?" —

„Ich habe nicht die Ehre, dort zu wohnen.
Mit Fragen: wer und was ich sei,
Bitt' ich mich überhaupt großgünstig zu verschonen.
Genug, ich habe Geld, wie Heu!" —
So prahlend zog der Fremdling eine Katze
Voll Gold hervor, und sprach dann fort:
„Dieß Beutelchen erfüllt zum zehnten Theil mein Wort.
Den Rest schaff' ich sogleich zu Platze,
Und all der Bettel ist und bleibt
Euch rein geschenkt, wenn Ihr das Seelchen mir verschreibt,
Das einst zuerst durch's Thor des neuen Tempels schreitet,
Wenn man zu dessen Weihfest läutet." —

Als wie durch Erderschütterung
Empor geschleudert von den Stühlen,
So fuhren jetzt mit einem raschen Sprung
Die Senatoren auf, und rannten, stürzten, fielen
In's fernste Winkelchen auf einen Klumpen hin,
Und drängten so bestürzt darin,

Wie scheue Lämmer sich zusammen,
Wann um sie her des Himmels Blitze flammen.
Nur Einer, der noch nicht sich selbst so ganz verlor,
Versammelte den Rest von seinen Sinnen,
Zog aus dem Menschenknäul den Kopf mit Müh' hervor,
Und ächzte: „Hebe Dich, Du böser Geist, von hinnen!" —

Wer aber sich nicht hob, war Meister Urian.
Er spottete: „Was Ihr Euch doch geberdet!
Bot ich Euch so 'was Schlimmes an,
Daß Ihr darob zu schwachen Kindern werdet?
Ich büße blos bei'm Handel ein, nicht ihr!
Mit Hunderttausenden brauch' ich nicht weit zu laufen,
Um Schocke Seelchen zu erkaufen;
Von Euch verlang' ich nur ein einziges dafür!
Was macht Ihr nun so lange Federlesens?
Man sieht's Euch an, daß Ihr nur Herrscherlinge seid!
Zum Besten des gemeinen Wesens,
(Das oft auch blos den schönen Namen leiht)
Wär' mancher Fürst wohl stracks bereit,
Ein ganzes Heer zur Schlachtbank hin zu führen;
Und ihr, ihr wollt deßhalb nicht Einen Mann verlieren?
Pfui, schämet Euch, hochweise Herrn,
So abgeschmackt, so bürgerlich zu denken!
Und glaubet Ihr etwa den Kern
Von Euerm Völklein zu verschenken,
Wenn Ihr mir ein Persönchen gönnt,
Das auf den ersten Ruf der Glock' in's Bethaus rennt?
O nein, da fehlt Ihr stark; denn wahrlich in der Regel
Sind Gleißner immerfort die frühsten Kirchenvögel." —

Indem der Listige so sprach,
Ermannten sich die Rathsherrn nach und nach,
Und raunten sich in's Ohr: „Was hilft uns unser Sträuben?
Der grimme Löwe fletscht nun einmal seinen Zahn.
Fürwahr, wenn wir nicht unterschreiben,
So packt er wohl uns selber an:
Drum stopfe lieber ihm das Maul ein Unterthan!" —

Kaum war hierauf der Blutvertrag vollzogen,
Da kam durch Wand und Fenster in den Saal
Ein Schwarm von Beuteln schnell geflogen:
Und Urian, der sich dießmal
Gesitteter als sonst, ganz ohne Stank, empfahl,
Rief an der Thür: „Zählt nach! Ich hab' Euch nicht betrogen." —

Das Gold der Hölle ward getreulich angewandt,
Das Haus des Himmels zu erbauen.
Als es jedoch in voller Schönheit stand,
Befiel die ganze Stadt bei'm Anblick Furcht und Grauen.
Denn es gelobten zwar, da Urian verschwand,
Die Rathsherrn sich mit Mund und Hand,
Den Vorfall Niemand zu vertrauen:
Doch Einer plauderte zu Haus;
Sein Weibchen machte bald ein Marktgespräch daraus,
Und nun erscholl von allen Seiten,
Den Tempel nimmer zu beschreiten.

Der bange Rath besprach sich mit der Klerisei,
Und sie ließ auch die Glatzenköpfe hangen.
Auf einmal rief ein Mönch: „Mir fällt ein Ausweg bei!
Heut ward der Wolf lebendig eingefangen,
Der nah am Weichbild unsrer Stadt
Bisher herum gewüthet hat.
Hetzt diesen Mörder unsrer Schafe,
Zu seiner wohlverdienten Strafe,
Dem Teufel in den Flammenschlund!
Zwar wird dem argen Höllenhund
Dieß Frühstück eben nicht belieben,
Doch ist es Schuldigkeit, daß er es willig nimmt.
Ihr habt ein Seelchen ihm verschrieben;
Allein von wem, ist nicht bestimmt."

Das Pfaffenplänchen fand Behagen,
Und der Senat beschloß, den kühnen Streich zu wagen.
Da nun das Fest der Tempelweih' erschien,
Gebot er, stracks den Wolf an's Hauptthor hinzutragen,

Und als die Glocken jetzt begannen anzuschlagen,
Des Käfichs Fallthür aufzuziehn.
Das Raubthier fuhr mit Wetterschnelle
In's öde Kirchenschiff hinein,
Und grimmig sah auf seiner Lauerstelle
Herr Urian sich dieses Opfer weihn;
Doch rauschend, wie ein Sturm, warf er sich hintendrein,
Und schlug voll Wuth, weil man ihn hintergangen,
Das Thor von Erz so zu, daß seine Flügel sprangen.

Bis heute läßt man diesen Spalt
Von allen Reisenden begaffen,
Und triumphirt, daß eines Pfaffen
Verschmitztheit mehr als Teufelspfiffe galt.
Damit auch der Beweis nicht fehle,
Wird an dem Kirchenthor der Wolf in Erz gezeigt,
Nebst seiner ewiglich verlornen armen Seele,
Die einem Tannenzapfen gleicht.

Das höfliche Bauermädchen.

„Wie heißt das sechste der Gebote?"
So fragte jüngst beim Kirchenunterricht
Ignaz, der finst're Dorfzelote,
Ein kleines, artiges Gesicht.
Die Antwort war: „Ihr sollt nicht ehebrechen!"
„Ei", rief Ignaz, „wer wird so albern sprechen?
Es heißt: Du sollst nicht ehebrechen."
Die arme kleine Dirne warf
Die Augen auf den Katecheten;
„Ich wußte nicht", versetzt' sie mit Erröthen,
„Daß man die Pfarrer duzen darf."

Der über uns.

Hans Steffen stieg bei Dämmerung (und kaum
Konnt' er vor Näschigkeit die Dämmerung erwarten)
In seines Edelmannes Garten
Und plünderte den besten Aepfelbaum.

Johann und Hanne konnten kaum
Vor Liebesgluth die Dämmerung erwarten
Und schlichen sich in eben diesem Garten
Von ungefähr an eben diesen Aepfelbaum.

Hans Steffen, der im Winkel oben saß
Und fleißig brach und aß,
Ward mäuschenstill vor Wartung böser Dinge,
Daß seine Näscherei ihm diesmal schlecht gelinge.
Doch bald vernahm er unten Dinge,
Worüber er der Furcht vergaß
Und immer sachte weiter aß.

Johann warf Hannen in das Gras..
„O pfui!" rief Hanne; „welcher Spaß!
Nicht doch, Johann! — Ei was?
O, schäme Dich! — Ein andermal — o laß' —
O, schäme Dich! — Hier ist es naß." — —
„Naß oder nicht; was schadet das?
Es ist ja reines Gras." —

Wie dies Gespräche weiter lief,
Das weiß ich nicht. Wer braucht's zu wissen?
Sie stunden wieder auf, und Hanne seufzte tief:
„So, schöner Herr! heißt das blos küssen?
Das Männerherz! Kein Einz'ger hat Gewissen!
Sie könnten es uns so versüßen!
Wie grausam aber müssen
Wir armen Mädchen öfters dafür büßen!
Wenn nun auch mir ein Unglück widerfährt —
Ein Kind — ich zittre — wer ernährt
Mir dann das Kind? Kannst Du es mir ernähren?"

„Ich?" sprach Johann; „die Zeit mag's lehren.
Doch wird's auch nicht von mir ernährt,
Der über uns wird's schon ernähren.
Dem über uns vertrau!"

Dem über uns! Dies hörte Steffen.
Was, dacht' er, will das Pack mich äffen?
Der über ihnen? Ei, wie schlau!
„Nein!" schrie er; „laßt Euch andre Hoffnung laben!
Der über Euch ist nicht so toll!
Wenn ich ein Bankbein nähren soll,
So will ich es auch selbst gedrechselt haben!"

Wer hier erschrak und aus dem Garten rann,
Das waren Hanne und Johann.
Doch gaben bei dem Edelmann
Sie auch den Aepfeldieb wohl an?
Ich glaube nicht, daß sie's gethan.

Räthsel.

Er stellet sich, er heiße wie er will,
Sammt vierundzwanzig Brüdern still
Und kerzensteif in viele tausend Gassen,
Und bildet so des Räthsels Vorderglied,
Das man bei allen Menschenklassen,
Nur nicht bei rohen Wilden sieht.

Man geb', im Fall das Rathen Mühe macht,
Auf jenen Schulmonarchen Acht!
Dort sitzet er voll Ernst auf seinem Throne,
Das Hinterglied des Räthsels in der Hand,
Und macht dem jungen Weisheitssohne
Die ganze Brüderschaft bekannt.

Die Wehklage.

Graus war die Nacht, und um den Giebel
Der Pachterwohnung heulte Sturm;
Der fromme Greis las in der Bibel,
Und sieben schlug's im Kirchenthurm.
„Gott!" rief Lenore mit Erbleichen,
„Schon sieben — und Georg nicht hier!
Sein dunkler Weg streift hin an Teichen,
Ach, welches Unglück ahnet mir!"

Der Sohn des Försters in der Haide
War ihr verlobter Bräutigam,
Und glühend schlug ihr Herz vor Freude,
Wann der geliebte Jüngling kam.
Ein Jahr lang trat er alle Tage
Bei Sonnenuntergang in's Haus,
Doch mit dem fünften Glockenschlage
Kam heut die Nacht, und er blieb aus.

Lenore flog ihm bang entgegen,
Und stürzte bald, mit starrem Blick
Und athemlosen Herzensschlägen,
In's väterliche Haus zurück.
„Helft", rief sie: „helft! — Im Uferschilfe
Des Rohrteichs stöhnt ein Klageton.
Es ist Georg — er ruft um Hülfe —
Ach, Vater, rettet Euern Sohn!"

Der Alte schüttelte bedächtlich
Die grauen Locken. „Kind, Du weißt,
Seit hundert Jahren wimmert nächtlich
Dort einer edlen Gräfin Geist.
Verirrt bei Nacht zum Pfuhl der Unken,
Ist sie mit Wagen und Gespann
Im bodenlosen Moor versunken,
Und warnet nun den Wandersmann."

„O laßt das Mährchen!" bat Lenore.
„Kommt, rettet, eh das Herz ihm bricht!
Sein Angstruf drang zu meinem Ohre,
Und seine Stimme täuscht mich nicht."
So bat sie knieend, bat unsäglich,
Doch, bauend auf der Sage Wort,
Blieb Vater Martin unbeweglich,
Und die Verzweiflung riß sie fort.

„Zu Hülfe!" schrie sie vor den Thüren
Des Dorfs — „ein Mensch ertrinkt im Teich!
Er ächzt und winselt! — Laßt euch rühren,
Um Christi Wunden bitt' ich euch!" —
Doch, wie durch einen Bund verschworen,
Versetzten alle träg' und lau:
„Da wäre jeder Schritt verloren;
Es ist das Weh der Klagefrau." —

„Gott!" rief sie mit erhobnen Armen:
Kein Felsenherz bewegt mein Flehn!
Du Geist der Liebe, hab Erbarmen,
Und gieb mir Kraft, ihm beizustehn!"
Schnell fühlte sie, daß eine Quelle
Von Muth in ihrer Brust entsprang,
Und heldenkühn flog sie zur Stelle,
Wo noch das Wehgeschrei erklang.

Dem Greise ward im öden Hause
So bang, als läg' auf ihm die Welt.
Er wankte zitternd durch die grause,
Sturmvolle Winternacht in's Feld,
Er rief in das Geheul des Windes
Lenorens Namen hundertmal:
Doch, statt des hochgeliebten Kindes,
Antwortet' ihm der Wiederhall.

Die Dorfschaft, von ihm aufgeboten,
Entschloß sich jetzt zum Rettungsgang,

Und zwanzig Kiefernfackeln lohten
Um Mitternacht den Teich entlang.
Da fand man — Schrecken ohne Gleichen! —
Unfern vom Ufer, in dem Ried,
Die Brust an Brust erstarrten Leichen,
Die selbst des Todes Macht nicht schied.

Mit geisterbleichem Angesichte·
Sank Martin in der Nachbarn Arm,
Und diese traurige Geschichte
War ewig ihm ein Kelch voll Harm.
Ein grauer Stein, auf dem zwei Tauben
Sich schnäbeln, deckt der Treuen Grab.
„Flieht", schrieb man drauf, „den Aberglauben,
Der sie dem Tod zum Opfer gab!"

Das Wort.

Es jauchzt die Lerche in den blauen Lüften
Ihr Liedchen fröhlich schmetternd in die Welt,
Der Käfer schwirret summend in den Düften
Des Blumenflors, wo's grade ihm gefällt.

Und jedes Thierchen, groß nun oder klein,
Es fühlt gewiß ein seliges Behagen,
Durch Singen, Summen oder gar durch Schrei'n
Sein Dasein selbstgefällig anzusagen.

Dem Menschen aber wird die höchste Gabe
Zum Eigenthum: der Buchstabe, das Wort! — —
Der Mensch, geboren kaum, eilt zu — dem Grabe:
Das Wort empfing ihn, folgt zur dunklen Pfort'!

Das Wort ... es leiht dem Geiste Flügel:
Germania, erheb dein stolzes Haupt!
Sprich aus das Wort — es sei das Siegel —
Den Brudergruß, an den die Welt fest glaubt!

O! Lieb', mir wohnst Du überall.

O! Lieb', mir wohnst du überall,
　Dein Geist hat meine Brust durchdrungen;
Als Harmonie im Weltenall
　Sei mitgefühlt und mitgesungen.

Wohl reden Mann und Weib noch viel
　Von deinem wunderfamen Wesen,
Der singt davon im Saitenspiel
　Und Jener läßt's im Liede lesen.

Oft aber tönt es so geschraubt,
　Gleich einer Lüge zu den Ohren,
Und auf dem Markte duftberaubt
　Wird ja die Rose von den Thoren.

Ich glaub': wer stumm den Blick erhebt,
　Ist ihm sein hoher Stern erschienen,
Von Innen jauchzt, von Außen bebt
　Und ganz in Demuth wünscht zu dienen:

Der hat am tiefsten dich gefühlt,
　Am treusten dich bewahrt im Innern,
Und nur sein thränend Aug' gekühlt
　Mit stillem seligen Erinnern.

O! Lieb', mir wohnst du überall,
　Dein Geist hat meine Brust durchdrungen;
Als Harmonie im Weltenall
　Sei: heilig, heilig! mitgesungen.

Sentenz.

Man braucht nicht viel Erfahrung zu besitzen, um das-jenige auszusprechen, wobei Leute von großer Erfahrung sich Vieles denken.

Die Spinne.

Der Kanzler eines Fürsten durchzog einst selbst sein Haus
Mit Besen und mit Bürsten, trieb jedes Stäubchen aus.
Das Kunstwerk einer Spinne, in eines Winkels Schooß,
War nicht nach seinem Sinne, und rasch ging er drauf los.
„Herr Kanzler", sprach vermessen die alte Meisterin,
„Beliebt, nicht zu vergessen, wie nutzbar ich Euch bin!
Ich muß als Undank rügen, daß Euch mein Werth nichts gilt.
Wer fängt sie denn, die Fliegen, das freche Stubenwild?" —
„Welch schnödes Wort du wagest!" schalt Jener heftiglich.
„Man weiß ja doch, du jagest und mordest blos für dich!
Mich plaget drum nicht minder dein Flugwild ohne Scheu:
Du zähmst nur kleine Sünder; die großen schwärmen frei." —
„Potz Kritteln!" rief's im Netze: „denkt doch zuvor an Euch!
Sind Eure Landsgesetze nicht meinen Fäden gleich?" — —
Der Kanzler, bei der Frage bis an die Ohren roth,
Schlug wild mit Einem Schlage die grobe Spinne todt.

Das Verhör.

Warum erstachst des Ritters Jagdhund du?
„Er rannte, mich zu beißen, wild herzu." —
Du hättest ihm verkehrt in Ruh
Den Hellebard entgegen halten sollen.
„Geschehen wär's auch sicherlich,
Hätt' er, statt mit den Zähnen, mich
Mit seinem Schwanze beißen wollen."

Frivols Wunsch an Paulinen.

O! daß ich nur den süßen Wunsch erreichte,
Genannt zu sein — in Deiner Sündenbeichte!

Metzelsuppenlied.

Wir haben heut nach altem Brauch
Ein Schweinchen abgeschlachtet;
Der ist ein jüdisch ekler Gauch,
Wer solch ein Fleisch verachtet.
Es lebe zahm und wildes Schwein!
Sie leben alle, groß und klein,
Die nicht Trichinen haben!

So säumet denn, o Freunde, nicht,
Die Würste zu verspeisen,
Und laßt zum würzigen Gericht
Die Becher fleißig kreisen!
Es reimt sich trefflich: Wein und Schwein,
Und paßt sich köstlich: Wurst und Durst,
Bei Würsten gilt's zu bürsten.

Auch unser edles Sauerkraut,
Wir sollen's nicht vergessen;
Ein Deutscher hat's zuerst gebaut,
Drum ist's ein deutsches Essen.
Wenn solch ein Fleischchen, weiß und mild,
Im Kraute liegt, das ist ein Bild
Wie Venus in den Rosen.

Und wird von schönen Händen dann
Das schöne Fleisch zerleget,
Das ist, was einem deutschen Mann
Gar süß das Herz beweget.
Gott Amor naht und lächelt still,
Und denkt: nur daß, wer küssen will,
Zuvor den Mund sich wische!

Ihr Freunde, tadle Keiner mich,
Daß ich von Schweinen singe!
Es knüpfen Kraftgedanken sich
Oft an geringe Dinge.
Ihr kennet jenes alte Wort,
Ihr wißt: es findet hier und dort
Ein Schwein auch eine Perle.

Parodie

auf das Lied: „Der Ritter muß zum blut'gen Kampf hinaus.

Der Schneider ging nach Pankow jüngst hinaus,
Um dort die Zeit mit Jubeln zu vertreiben,
Da zieht er noch vor seiner Köchin Haus,
Die Herrschaft hat gesagt, sie soll zu Hause bleiben.
O weine nicht die Aeuglein roth,
Als ob nicht Trost zum andern Sonntag bliebe;
Bleib ich doch treu bis in den Tod
Dem Schneidertisch und meiner Liebe.

Und als er so ihr schon Adieu gesagt,
Läuft er zurück zum Haufen der Gesellen,
Bei Wittberg wird ein Pfeifchen angemacht
Und alle Schneider fangen tüchtig an zu grölen.
Ihn schreckt es nicht was ihn bedroht,
Und wenn er auch im Thrane stecken bliebe,
Bleibt er doch treu bis in den Tod
Der Branntweinflasch und seiner Liebe.

Recht kreuzfidel zieht man in Pankow ein,
Vertreibt die Zeit mit lauter tollen Streichen,
Auch schlägt man bald mit allen Knüppeln drein
Und selbst den Schneidern thut man eins verreichen.
O Schneiders Blut, du fleußt so roth,
In Pankow giebt's doch niederträcht'ge Hiebe,
O glaubt es mir, in dieser Noth
Vergaß der Schneider seine Liebe.

Die Eselmutter.

Zu einem Bauernweib, das eine Fahrt mit Futter
Auf ihren Langohr lud, sprach im vertrauten Ton
Der junge Schloßkaplan: „Wie geht's, Frau Eselmutter?"
„Ganz wohl", versetzte sie, „mein Sohn!"

Edwards Abenteuer.

Denkt euch ein stilles Wiesenthal,
Wo Sommerlüftchen scherzen!
Da schlich ich einst mit süßer Qual
Von Liebesdrang im Herzen.
Ich hörte seitwärts klinglingling!
Ein Glöckchenspiel von Schafen,
Und sah, als ich hinüber ging,
Dabei ein Mädchen schlafen.
O, welcher angenehme Fund!
Ein Kind von sechszehn Jahren,
Mit rothen Wänglein, rothem Mund,
Und braunen Ringelhaaren!
Der Schatten reger Bäume schien
Ihm Kuß auf Kuß zu rauben,
Und ich war endlich auch so kühn,
Mir einen zu erlauben.
Hui! sprangen ein Paar Aeuglein auf,
Die Himmelssternen glichen;
Hui! aber war im raschen Lauf
Der Engel mir entwichen.
„Bleib, Liebchen, rief ich, bleib! Ich bin
Ja weder Bär noch Leue,
Und schwöre, süße Schäferin,
Dir ewig Lieb' und Treue!"
Die Kleine stand und nickte mir
Mit holden Zauberblicken,
Schnell, wie ein Hirsch, war ich bei ihr,
Um sie an's Herz zu drücken.
Doch als ich ihren schlanken Leib
Jetzt zu umarmen dachte,
Hielt ich — mein altes, graues Weib,
Das wie ein Kobold lachte. —
Boshafter konnte doch wohl kaum
Der Gott des Schlafes necken,
Als mich von diesem schönen Traum
So häßlich zu erwecken!

Die Beichte.

Es beichtete zu Köln am Rhein
Ein junges, zartes Jungfräulein,
Dem Pater Anton manche Sünde,
Ging, losgesprochen, fröhlich fort,
Kam aber ängstlich und geschwinde
Zurück und sprach: „Herr, noch ein Wort!
Ich hätt' ein Sündchen fast vergessen,
Den Stolz, von dem bin ich besessen!" —
„Bist Du denn reich, mein Töchterlein?" —
„Ach nein, Hochwürdiger, ach nein!"
„Nun, Kind, so laß den Stolz sich regen,
Er wird sich bald von selber legen."

Die Schöne von Hinten.

Sieh, Freund! sieh da! was geht doch immer
Dort für ein reizend Frauenzimmer?
Der neuen Tracht Vollkommenheit,
Der engen Schritte Nettigkeit,
Die bei der kleinsten Hindrung stocken,
Der weiße Hals voll schwarzer Locken,
Der wohlgewachsne schlanke Leib
Verräth ein junges, art'ges Weib.

Komm, Freund! komm, laff' uns schneller gehen,
Damit wir sie von vorne sehen.
Es muß, trügt nicht der hintre Schein,
Die Venus oder Phyllis sein.
Komm, eile doch! — O, welches Glücke!
Jetzt sieht sie ungefähr zurücke.
Was war's, das mich entzückt gemacht?
Ein altes Weib in junger Tracht.

Die Theilung.

An seiner Braut, Fräulein Christinchens, Seite
Saß Junker Bogislav Dietrich Carl Ferdinand
Von — sein Geschlecht bleibt ungenannt —
Und that, wie alle seine Landesleute,
Die Pommern, ganz abscheulich witzig und galant.
Was schwatzte nicht für zuckersüße Schmeicheleien
Der Junker seinem Fräulein vor!
Was raunte nicht für kühne Schelmereien
Er ihr vertraut in's Ohr?
Mund, Aug' und Nas' und Brust und Hände,
Ein jedes Glied macht ihn entzückt,
Bis er, entzückt auch über Hüft' und Lende,
Den plumpen Arm um Hüft' und Lende drückt.
Das Fräulein war geschnürt (vielleicht zum ersten Male).
„Ha!" schrie der Junker, „wie geschlank!
Ha, welch ein Leib! verdammt, daß ich nicht male!
Als käm er von der Drechselbank!
So dünn! — Was braucht es viel zu sprechen?
Ich wette gleich — was wetten wir? wie viel?
Ich will ihn von einander brechen!
Mit den zwei Fingern will ich ihn zerbrechen
Wie einen Pfeifenstiel!"
„Wie?" rief das Fräulein; „wie? zerbrechen?
Zerbrechen" (rief sie nochmal) „mich?
Sie könnten sich an meinem Latze stechen.
Ich bitte, Sie verschonen sich."
„Beim Element! so will ich's wagen,"
Schrie Junker Bogislav, „wohlan!"
Und hatte schon die Hände kreuzweis angeschlagen
Und packte schon heroisch an,
Als schnell ein: „Bruder! Bruder, halt!"
Vom Ofen her aus einem Winkel schallt.
In diesem Winkel saß, vergessen, nicht verloren,
Des Bräut'gams jüngster Bruder, Fritz.
Fritz saß mit offnem Aug' und Ohren,
Ein Kind voll Mutterwitz.

„Halt!" schrie er, „Bruder! Auf ein Wort!"
Und zog den Bruder mit sich fort;
„Zerbrichst Du sie, die schöne Docke,
So nimm die Oberhälfte Dir!
Die Hälfte mit dem schönen Rocke,
Die, lieber Bruder, schenke mir!"

Die Pfarrerwahl.

Um's Pfarramt eines Städtleins baten
Sechs oder sieben Kandidaten.
Der weise Rath, ob einer klugen Wahl
Gar sehr verlegen und beklommen,
Ließ eines Tages auf ein Mal
Die Supplikanten vor sich kommen.
Bescheiden stand die kleine, schwarze Schaar
Und blickte demuthsvoll zur Erde;
Der Bürgermeister, der ein braver Fleischer war,
Besah sie her und hin, wie eine Hammelheerde.
Dann zog er, als er sie ein Weilchen so umkreist,
Rasch einen dicken, alten Knaben,
Wie einen Schöps, hervor, und rief vergnügt: „Das heißt
Doch ein Magisterchen! Er soll die Pfarre haben!
Er ist so lieblich rund und feist!
Die andern magern Herrn verrathen wenig Gaben;
Ihm aber sieht man's an, Er hat Verstand und Geist!"

Der Zecher an die Weinbeere.

Kleine, liebe, volle Beere!
Wer doch auch so glücklich wäre,
Immer angefüllt mit Wein,
Und so rund, wie du, zu sein! —

Der Zweifel.

Mich däucht, Susanne, Deine Tugend
War doch wohl nicht so schrecklich auf der Probe,
Als man von Dir zum übertriebnen Lobe
Jetzt unsrer lieben Jugend
Im hohen Ton zu melden pflegt.
Die grämlichen Gesichter fortzujagen,
Die so unüberlegt
Sich hin zu Dir an's Badeörtchen wagen,
Dazu wird man doch wohl nicht Wunder sagen.
Wenn aber nun ein junger Mann,
Schön, wie die Kunst ihn bilden kann,
Schlank wie die Ceder von dem Libanon,
Im Blicke Geist und Harmonie im Ton,
Verführerisch wie David's Sohn,
Dich glühend angebetet hätte
Und, hinter einem Rosenstrauch versteckt,
Die schöne Baderin entdeckt
Und auf des Lenzes Blumenbette
Dich, halb gekleidet, dann um Gnade
Recht rührend angeflehet hätte,
Und zwar allein;
Und hätte dann Dein liebes, weiches Herz
Des zauberischen Jünglings Schmerz
Mit jedem Pulsschlag heißer mit empfunden,
Und Du hätt'st dann Dich losgewunden,
Und zwar allein,
Und bei dem süßen Flehen
Es noch gewagt zu schrei'n,
Und zwar allein:
Dann möchte noch die Probe gehen.

---◆◆---

Die geschminkte Marie.

Noch endigte die Zeit die Wunder nicht,
Hier lächelt ein Marienbild und — spricht.

---◆◆---

Chaucer an seine leere Börse.

Geliebte, der keine Geliebte mehr gleicht,
Ach, Liebe, wie bist Du so leer,
Wie bist Du so winzig und jämmerlich leicht!
Das macht mir das Leben so schwer;
Und lieber schon wär' ich zur Bahre gebleicht;
Erbarme Dich meiner und sei wieder schwer,
Sonst leb' ich nicht mehr.

Erklinge mir wieder mit himmlischem Ton
Und zeige den strahlenden Glanz,
Der, ach, nun schon lange Dein Antlitz geflohn,
Zum Troste mir wiederum ganz.
Nur Du bist mir Leben und Leitung und Lohn;
Du liebliche Trösterin, sei wieder schwer,
Sonst leb' ich nicht mehr.

Geliebteste Börse, mein einziges Licht,
Du einzige Retterin hier,
Hilf jetzt nur mit lächelndem Sonnengesicht
Aus dieser Verlegenheit mir!
Geschoren bin ich wie vom Kloster ein Wicht.
Erbarme Dich meiner und sei wieder schwer,
Sonst leb ich nicht mehr.

Mannestrotz.

So lang' ein edler Biedermann
Mit einem Glied sein Brod verdienen kann,
So lange schäm' er sich, nach Gnadenbrod zu hungern!
Doch thut ihm endlich keins mehr gut,
So hab' er Stolz genug und Muth,
Sich aus der Welt hinaus zu hungern.

Die Aehnlichkeit.

Frau Rose nahm den kleinen Jungen,
Der jubelnd um sie hergesprungen,
Mit mütterlichem Wohlbehagen,
Um ihn mit Trommel, Flint' und Wagen
Zu Töffeln, ihrem Mann, zu tragen.
„Sieh, sieh doch, Töffel", sprach Frau Rose,
„Wie rasch er ist, wie flink und lose;
Schau nur einmal dem kleinen Wichte
Auf jeden Zug im Angesichte;
Er ist von Kopf bis zu den Sohlen
Im Ebenbild mir abgestohlen:
So schelmisch, sieh doch nur zum Spaße
Das Kinn, die Stirn, den Mund, die Nase!" —
„Ei, daran ist nun wohl kein Zweifel",
Sprach Töffel und schob seine Mütze
Ein wenig von dem Grillensitze:
„Nur daß er mir nicht gleicht, das ist der Teufel."

Mittel gegen den Hochmuth der Großen.

Viel Klagen hör' ich oft erheben
Vom Hochmuth, den der Große übt.
Der Großen Hochmuth wird sich geben,
Wenn unsre Kriecherei sich giebt.

Antwort eines Kaufmanns,

der einen sehr unhöflichen Brief von einem Handlungsgenossen
empfangen hatte; derselbe setzte sich unlustig nieder und begann
also: „Er. Edlen Geehrtes habe ich erhalten und soeben vor
mir, versichere aber, daß ich es bald hinter mir haben werde ꝛc.

Der Kaffee.

(Parodie auf Schillers „Lied von der Glocke".)

In der Walze Form gebrochen
Liegt die Trommel da von Blech.
Jetzo will ich Kaffee kochen,
Mägde, lauf mir keine weg.
Tummeln müßt Ihr Euch,
Faules Wetterzeug!
Soll der Trank für zarte Gäste;
Doch die Köchin thut das beste.
Wenn sich Hand und Fuß muß rühren,
Darf die Zunge auch nicht ruhn.
Was der Trank herbei soll führen,
Wollen wir im Voraus thun.
So laßt uns jetzt mit Fleiß betrachten,
Was durch ein schwaches Weib entspringt.
Die schlechte Frau muß man verachten,
Die nicht bered't, was sie vollbringt.
Das ist's ja, was die Weiber zieret,
Und dazu haben sie den Mund.
Daß, wie die Hand im Topfe rühret,
Sich auch die Zunge regt im Schlund.

Nehmt die Frucht vom Kaffeebaume,
Aber grünlich laßt sie sein,
In des Bleches hohlem Raume
Schließt die Wunderkörner ein.
Machet Feuer drum,
Dreht die Welle um,
Daß der Kaffee sich im Kreise
Färbe nach der rechten Weise.
Was zwischen diesen schwarzen Mauern
Die Hand mit Feuers Hülfe braut,
Darauf wird manche Dame lauern,
Die jetzt am letzten Bissen kaut.

Beleben wird es nach dem Essen
Die Seelen, die bei Tisch geruht.
Vom Stillsten wird es Witz erpressen,
Und Fischen geben warmes Blut.
Was harmlos oft ein armer Junge,
Was still ein Mädchen oft vollbringt,
Der Kaffee trägt es auf die Zunge,
Die es erbaulich weiter klingt.

Knistern hör' ich schon die Bohnen.
Wohl, es wirkt des Feuers Macht.
Euer Dreh'n wird sich belohnen.
Daß nichts anbrennt, gebet Acht.
    Bringt des Wassers Quell,
    Setzt's zum Feuer schnell,
    Daß der Zwist der Elemente
    Sich im Munde friedlich ende.
Denn in der Tassen Feierklange
Versöhnt sich jedes schöne Kind.
Er bindet oft mit süßem Zwange,
Die sonst die ärgsten Feinde sind.
Noch friert es still im ganzen Kreise,
Und jede strickt und flüstert leise:
„Der Kaffee kommt;" es sinkt das Schweigen,
Und alle Thermometer steigen,
Die Stunden ziehen pfeilgeschwind.
Vom Herzen reißt sich schnell die Rede;
Sie stürmt in's Zimmer frei hinaus.
Zur Rednerin erhebt sich Jede;
Zum Parlamente wird das Haus,
Und herrlich, in der Anmuth Prangen,
Wie ein Gebild aus Himmels Höhn,
Sehn sie mit züchtigem Verlangen
Die Hausfrau an den Schenktisch gehn.
Da faßt ein namenloses Sehnen
Der Frauen Herz, die Lippe glüht,
Vorher erstarrt durch langes Gähnen,
Und faltet sich mit Appetit.

Das Auge folgt der Wirthin Schritten,
Und ist durch ihre Wahl beglückt.
Um schwarz und weiß läßt sie sich bitten,
Und Jede schlürft, und Keine strickt.
O zartes Bild der reinsten Freude,
Der Kaffeezustand süße Zeit!
Geschlossen sind die Augen beide,
Es schwelgt das Herz in Seligkeit.
O gäb' es auf dem Erdenrunde
Nur diese einz'ge schwarze Stunde!

   Ob sich nun die Bohnen bräunen?
   Macht den Deckel auf geschwind.
   Sehn wir schwitzend sie erscheinen,
   Sie zum Mahlen fertig sind.
     Jetzo, Hanne fort,
     Bring die Mühle dort.
    Mahle Du die braunen Kohlen,
    Christel mag die Sahne holen.
Denn wo das Schwarze kommt zum Weißen,
Wo der Herr und Dame sich umkreisen,
Da herrscht der Zunge mächt'ger Zwang.
Drum prüfe, wer ein Kleid bestellte,
Ob Farb' und Schnitt die Wahl vergelte.
Der Ball ist kurz — der Spott ist lang.
Lieblich sich im Spiegel suchend,
Formt sich jegliches Gesicht,
Wenn der ungeduld'gen Jugend
Nah am Ball ein Tag verkriecht.
Wie mit allen hübschen Spätzen,
Geht es auch mit Tanz und Spiel.
Kaum ein zwanzig Ecossaisen,
Ach! so ist der Ball am Ziel.
Die Stunde vergeht,
Die Wirkung muß bleiben.
Wer Blicke versteht,
Lern Briefchen schreiben.
Der Mann muß hinein

In die faltigen Kleider,
Zur Seite den Schneider,
Muß glätten und binden,
Sich polstern und rUnden,
Muß brennen und 'keuchen,
Dem Amor zu gleichen.
Da strömet herbei die geliehene Fülle:
Zur Zwiebel verkehrt sich die magere Spille;
Die Räume wachsen, es dehnt sich das Kleid.
Indessen putzt sich
Die hoffende Jungfrau,
Die Heldin des Balles,
Und faltet und sticket,
Und ziehet und drücket,
Und holt sich die Rosen
Der Wangen im Kasten,
Und windet zum Neste
Die Locken auf's Beste,
Und scheut nicht die Qual,
Und schnüret sich schmal;
Und steigt in den Nebel des engen Gewandes,
Und mindert den Neid des gefälligen Randes,
Und lehret den Busen in Wellen sich heben,
Und läßt sich das Tuch und den Strickbeutel geben,
Und ist des duftenden Führers gewärtig,
Und ist nun fertig.

Und die Mutter mit schlauem Blick
Ihrer Jugend sich stolz erinnernd,
Wünscht im Stillen der Tochter Glück.
Sieht des Kleides wenige Falten,
Und die Arme mit Anmuth gehalten;
Und des Wuchses reizende Bogen,
Und des Busens bewegte Wogen,
Denket, indem sie schweigt:
Wie sie sich heut nur zeigt,
Strecket ein Männerheer
Ungesäumt das Gewehr!

Doch mit des Putzes flüchtigen Mächten
Ist kein sicherer Bund zu flechten,
Und der Freier späht nach Gold.

Wohl! der Aufguß kann beginnen.
Im Filtrirsack ruht das Mehl.
Laßt die heiße Welle rinnen,
Aber gießet ja nicht fehl.
Himmelelement!
Hin zur Sahne rennt!
Seht ihr nicht die Haube oben?
Hört ihr's nicht im Topfe toben?
So mild wie Milch erscheint der Welt
Das Mädchen, wenn sie Netze stellt.
Die Seligkeit des Himmels hier
Versprechen Männer sich mit ihr.
Doch Marter wird die Seligkeit,
Wenn sie der Haube nun sich freut,
Wenn nun, versorgt mit einem Mann,
Sie eintritt in des Weibes Bahn.
Wehe, wenn sie, wie besessen,
Rasend, ohne Widerstand,
Ihren Gatten droht zu fressen,
Den Pantoffel in der Hand;
Denn kein Weib wird den vergessen,
Nur nicht immer wird's bekannt.
Von der Lippe
Quillt das Leben,
Fließt es eben:
Von der Lippe, wie ein Mord,
Fährt das Wort.
Hört ihr's wie die Thüre sprang?
Das ist Zank!
Roth wie Blut
Ist die Wange.
Das ist nicht des Mädchens Glut.
Seht, wie bange

Alles flieht,
Wo sie sprüht.
Knirschend mit den schönen Zähnen,
Sträubt sie sich gleich gift'gen Hähnen.
Aus den Augen strömen Thränen.
Wie die Stein' aus Aetna's Schlunde,
Stürzen Flüch aus ihrem Munde.
Thüren krachen, Fenster klirren,
Mägde lauschen, Kinder irren,
Hunde heulen
Wie die Eulen,
Und die Nachbarn stehn am Hause,
Laben sich am Ohrenschmause.
Alles von dem Zank der Lieben
Vorgetrieben,
Naht in Wogen.
Rasend kommt der Spitz geflogen,
Der die Katze bellend sucht.
Speiend, in gewandter Flucht,
Klettert, schnell wie ein Gedanke,
Sie hinauf am hohen Schranke!
Ruhig legt sie sich da oben,
Und besieht der Dinge Lauf.
Sieh, da blickt der Mann hinauf,
Und er muß die Katze loben;
Denket: Gut!
Nimmt den Hut,
Weicht der mächt'gen Weiberlunge,
Und bewundert ihre Zunge,
Läßt den Spitz und Liebchen toben,
Und entfliehet aus der Stube
Wie aus einer Mördergrube.
Wüthend ist sie fortgegangen,
Aber wehe!
Rückkehr droht des Feindes Nähe;
Und er geht,
Und er schleicht
Auf den Zehen

Ungesehen
Und den Hof hat er erreicht.
Sieh, da bleibt er sinnend stehen.
Wie laut auch Liebchens Donner rollt,
Ein süßer Trost ist ihm geblieben,
Nach jenem Hause blickt er drüben,
Und sieh, die Freundin winkt ihm hold.

Mit der Fluth hinabgeschwommen
Sind des Kaffee's Geister nun;
Und den Leib, den sie genommen,
Seht ihr kraftlos oben ruhn.
　　Dünget mit dem Satz
　　Einen Blumenplatz.
　Doch den Geist der braunen Fluthen
　Stärket an des Feuers Gluthen.
An eines Unbeständ'gen Loose
Knüpft oft die Treue ihr Geschick,
Knüpft eine Gattin oft ihr Glück,
Und ungeschätzt verblüht die Rose.
Wohl treueren Geschöpfen geben
Wir dann im sanften Herzen Raum.
Ach! lange währt der Falschheit Leben,
Der Treue ward ein kurzer Traum.

　Langsam nach dem Garten hin
　Wankt des Hauses Herrscherin
Eine Schachtel trägt sie unterm Arme,
Und die Wangen sind gebleicht vom Harme,
Ach! der Möppel ist's, der Theure!
Ach! es ist der theure Schooßhund,
Den der Schatten schwarzer Meister
Wegführet in das Reich der Geister,
Und aus dem geliebten Arm
Raubte, noch von Küssen warm.
Den sie an die treue Brust
Oft gedrückt mit Mutterlust.

Ach! des Hauses zarte Bande
Sind gelöst auf immerdar;
Denn er wohnt im Schattenlande,
Der des Hauses Seele war,
Denn es fehlt sein treues Schmeicheln,
Seine Zunge leckt nicht mehr.
An verwaif'ter Stätte heucheln
Werden Männer liebeleer.

Fertig ist der Kaffee selber,
Doch noch Andres giebt's zu thun.
Läppscht hernach ihr rohen Kälber:
Wollt ihr nah' am Ziele ruh'n?
    Schlagt den Zucker klein,
    Wascht die Tassen rein;
    Wenn Ihr's Silber nicht poliret,
    Werd' ich dort beraisonniret.
Lauschend sendet ihre Blicke
Beim Besuche manche Frau,
Mustert einzeln alle Stücke,
Wacht mit fünf geübten Sinnen,
Lobt der Sauce Kunst, und läßt sich zweimal geben,
Und es jagen
Um's Recept sich tausend Fragen.
Und wie gut
Spricht die Wirthin!
Wie geschmackvoll
Geht das Weibchen!
Wie das Häubchen
Herrlich steht!
Doch, indem sie Alles preiset,
Zeigt sie, daß ihr nichts entgeht.

    Und die kluge Hausfrau lenket
Immer neu den Gang der Rede;
Denn die Last der Unterhaltung
Ist allein auf sie geworfen.

Und das Aergerniß mit Mägden,
Und der Butter höh're Preise,
Die uns drohn,
Wechseln in des Sprechens Kreise
Mit dem Kaffeefeind Napoleon.

Gastereien! Herrliche Erfindung!
Die Getrenntes mit Gewalt zusammen bindet,
Die sich auf den Magen gründet,
Die nach allen Zwecken greifet,
Schulden zahlt und Schulden häufet,
Die des Reichen hohe Sitte
Selbst herabträgt in die Hütte,
Und die Sorge, die uns kränket,
Im geborgten Wein ertränket,
Tausend fleiß'ge Hände plagen,
Helfen sich im muntern Bund,
Und im ungesunden Magen
Wird der Künste Gipfel kund.
Mägde rühren sich und Köche
In dem Schutze des Geschmacks.
Haasen ruhn auf heißem Bleche,
Und im Kessel kocht der Lachs.
Wehe, wer sich Tabaksfeuer
Hier zu holen sich erfrecht!
Er bezahlt den Frevel theuer,
Und die Schürze braucht ihr Recht.

Holder Friede! kehre wieder!
Söhne Küch' und Laden wieder aus;
Daß das schmachtende Europa
Künftig Runkelrübenbrühe,
Eichelwasser, Erbsenlauge,
Möhren- und Cichorienpfütze,
Von dem Kaffeetisch entfernt,
Und in Surrogaten
Nicht des Echten Werth verlernt.

Gieße nun den Topf aus, Hanne,
Seinen Zweck hat er erreicht,
In die blank geputzte Kanne,
Der Dein länglich Bild entsteigt.
   Bring den Löffel dann,
   Daß ich kosten kann.
Was den Gästen gut soll schmecken,
Muß die Köchin erst belecken.
Das Weib darf wohl zuweilen naschen,
Mit weiser Zung' und ungesehn.
Doch schrecklich wird es überraschen,
Wenn Katzen über Töpfe gehn.
Blind rennend mit des Schwärmers Toben
Entfliehen sie Euch schnell, und doch,
Als wär' ein Riegel vorgeschoben,
Verfehlen sie der Thüre Loch.
Ein Dämon treibt sie durch die Töpfe;
Es brechen Schüsseln, Teller, Näpfe;
Und erst, wenn sie Euch recht gekränkt,
Sind sie zum Teufel, eh' Ihr's denkt.
Wehe, wenn allein und eingeschlossen
Sich hier ein solches Beest verhielt!
Wenn es von Allem still genossen,
Verdirbt es, was es Euch nicht stiehlt.
Da zerret an dem schönen Braten
Die ungeschickte Leckerei.
Sie fürchtet nicht sich zu verrathen,
Und folget dem Gelüste frei.
Die Frau hört's in der Küche fallen,
Sie lauscht, sie hält sich länger nicht;
Sie kommt, und sieht, und in den Krallen
Des Unholds schwebt ihr Hauptgericht.
Da brechen aus den Augen Thränen,
Und innen woget Wuth und Schmerz;
Denn an des Rackers Tigerzähnen
Klebt ihre Hoffnung, klebt ihr Herz.
Das Thier ist fort, es ras't der Besen
Auf jeden Nahen mit Geschrei;

Denn Jemand ist doch Schuld gewesen,
Und alle Flüche strömen frei.
Es knallt wohl, wenn Raketen schwärmen,
Es schreckt uns, wenn das Pulver kracht,
Jedoch der lärmendste der Lärmen,
Der steht in — eines Weibes Macht.
Weh, wenn in diesen Augenblicken
Der Mann sein sanftes Weibchen sieht!
Es läuft ihm eiskalt übern Rücken:
Er fühlt die Eh' in jedem Glied.

Prächtig ist der Trank gelungen,
Rein und edel im Geschmack.
Schmeichelt er den feinsten Zungen,
Sei's mit Sahne oder Rack.
   Auch die Kanne lehrt
   Ihres Inhalts Werth,
  Und der Tassen blanke Glocken
  Müssen Ohr und Auge locken.
Jetzo gebet Euch,
Ihr Mägde, gebet mir die Hände.
Zwar trennen uns verschiedene Stände,
Doch hier sind alle Frauen gleich.
Der Kaffee, hört's, ertheilt Euch Schwesternrechte
An jedes Herz vom sanfteren Geschlechte.
Er mache unsre Freiheit kund;
Ihr weiche jeder Männerbund.
Ein jedes Weib der weiten Erde
Sei unsers Kaffeeordens Glied,
Und wie vom Wein der Mann, so werde
Die Frau vom Kaffeegeist durchglüht.
Er bleibe Frauen eine Welle,
Die an des Wortes Nachen schlägt,
Wenn es die That von dunkler Quelle
Zu des Gerichtes Weltmeer trägt!
Für's Kleinste lehr' er breite Reden!
Selbst naß und ohne Festigkeit,
Leih' er der Sprache einer Jeden

Des Welttons zähe Trockenheit!
Und wie das Bittre mit dem Süßen
Er uns vereint in Tassen zeigt,
So lehr' er, wie man an Sottisen
Der milden Rede Honig streicht!

Jetzo, auf gemalter Scheibe,
Tragt den edlen Kaffee fort;
Daß er bald im stummen Weibe
Wecke das entschlafne Wort.
    Alles harret bang
    Auf der Tassen Klang.
Sieh, da klirren sie und geben
Das Signal zum neuen Leben!

Räthsel für alle fünf Sinne.

Wohl sehen kann ich es, wirfst es du
Mir mit den Händen von Ferne zu,
Und kann man es hören, wird's nicht so fein,
Vielleicht aber nur um so herzlicher sein.
„Sprich, haben die Nasen auch etwas davon?"
Ja freilich! es bringt sie in Collision.
„Und kann man es schmecken?" mir hat es geschmeckt,
Nachdem seine Süßigkeit erst ich entdeckt;
„Und fühlen?" Ja, fühlen bis tief in's Herz,
Dort wird oft zu bitterem Ernst sein Scherz.

Der Bestohlene.

B.: „Ein Schurke stahl mir heut" — —
    Beklagenswerther Veit!
B.: „Was ich seit Jahren schrieb."
    Beklagenswerther Dieb!

Die eheliche Liebe.

Klorinde starb; sechs Wochen drauf
Gab auch ihr Mann das Leben auf,
Und seine Seele nahm aus diesem Weltgetümmel
Den pfeilgeraden Weg zum Himmel.
„Herr Petrus", rief er, „aufgemacht!"
„Wer da?" — „Ein wackrer Christ." —
„Was für ein wackrer Christ?"
„Der manche Nacht,
Seitdem die Schwindsucht ihn auf's Krankenbette brachte,
In Furcht, Gebet und Zittern wachte.
Macht bald!" — — Das Thor wird aufgethan.
„Ha! ha! Klorindens Mann!
Mein Freund", spricht Petrus, „nur herein,
Noch wird bei Eurer Frau ein Plätzchen ledig sein."
„Was? meine Frau im Himmel? Wie?
Klorinden habt Ihr eingenommen?
Lebt wohl! habt Dank für Eure Müh'!
Ich will schon sonstwo unterkommen."

Einfälle.

Wem Stolz und Dünkel in die Ohren schrein,
Was sie für Wunderdinge leisten,
Dem fällt sogleich das Sprüchwort ein:
„Das schlechtste Rad am Wagen knarrt am meisten."

Manch ehrlicher Tropf ist doch zum Erbarmen
Ein stummer Sklav seiner Frau!
Er trägt nach dem Sprüchwort die Katz' in den Armen,
Und darf nicht sagen: Miau.

Sag' nicht und ducke dich sogleich vor jedem Feind!
Die Wölfe fressen den, der als ein Schaf erscheint.

Der vorsichtige Selbstmörder.

Rosette war ein feiner Schalk;
Sie sah oft haarscharf, wie ein Falk,
Den schlanken Karl vor ihrem Hause stehn,
Und schmachtend seine Augen nach ihr drehn;
Doch immer stellte sich das lose Kind,
Als wär' es, wie Cupido, blind.

Karl bahnte sich durch Seufzer nach und nach
Den Weg in seiner Grazie Gemach,
Wo er ihr fleißig seines Herzens Brand
Mit zärtlicher Beredsamkeit gestand;
Doch rümpfte sie das Näschen blos, und that,
Als wüßte sie zum Löschen keinen Rath.

Ihr machte selbst ein Flämmchen heiß;
Sie panzerte sich nur mit sprödem Eis;
Doch unversehens schoß durch manchen Ritz
Des Panzers oft ein schwacher Liebesblitz.

Einst Abends bat mit heißer Ungeduld
Der Jüngling auf den Knien um ihre Huld.
Sie aber sprach kein mildes Herzenswort,
Und die Verzweiflung riß ihn fort.
Gewinsel, dacht' er, ziemet keinem Mann.
Ich will doch sehn, ob sie mich missen kann!

Der Vollmond trat aus Wolken hell hervor,
Da stürzte Karl hinaus vor's nahe Thor,
Lief wild an eines Brunnens Rand,
Bog sich hinunter und verschwand.

Ein Weiblein ging gerade hart vorbei,
Und that mit Grausen einen Schrei.
„Ach!" — stöhnte Karl tief aus dem Born heraus;
„Sei wer Du willst, geh' in Rosettens Haus,
Bring ihr mein letztes Lebewohl, und sprich:
Ein treuer Jüngling stirbt um dich!" —

4*

Das Weib bestellte keuchend diesen Gruß,
Als folgt' ihr selbst der Tod schon auf dem Fuß.
Da stand Rosette leichenblaß versteint,
Und rief: „O weh! mein Karl, mein treuster Freund!"

So schluchzend faßte sie ein Seil,
Flog zu dem Brunnen wie ein Pfeil,
Ließ in das dunkle Wassergrab
Mit Angstgeschrei das Tau hinab,
Und zog und wand nach kurzem Zeitverlauf
Den todten Mann — gesund herauf.

„Dem Himmel Dank, daß Du noch lebst!"
Rief sie entzückt: „Ach, wie Du frierst und bebst!
Komm, Trauter, komm an meine Brust,
Erwarme hier zu neuer Lebenslust!
Ich werfe nun mit Herz und Mund
Den spröden Sinn in diesen tiefen Schlund."

Philidor's Ehehälfte.

Wenn Philidor sich glücklich preist,
Sein Weibchen seine Hälfte heißt:
So hat er recht. Sie pflegt für mehrere zu brennen,
Und manchmal könnt' er sie sogar sein Sechstel nennen.

Bullus.

Als nun der wilde Krieg begann,
Hat Fähndrich Bullus, trotz der schweren Bürde,
Den vollen Geldgurt umgethan,
Damit er gleich, falls er gefangen würde,
Das Lösegeld bezahlen kann.

Brief eines jüdischen Freiwilligen an seinen Freund in Schlesien.

Paris, den 15. März 1814.

Aß ich dir süll schreiben von Paris? Was süll ich dir schreiben von Paris? S'is a grauße Stadt, a gewaltige Stadt, as mer sich kann machen dervon 'ne Idee im Kopf. Maißt du Baruch es gäb Haiser in Paris? Gott behüt! — Lauter Schlößer, lauter Palläster! Die Staffeln sein nit von Holz, auch nischt van Stein, sindern dorch and dorch von Marmel. — 's is a ganz feiner Stein, und die Fußböden sein a Glatteis. Aß ich dir soll machen ä Beschreibung nach der Natür as mir sein so herein-getriumphirt, der Kaiser Letzander und der König von Praißen und die anderen hohen Monarchen; kennt ich noch werden confus in main Gemüth über die Vorstellung von der Erinnerung aus der Vergangenheit. — Hör och, Baruch! — s'is gewesen a Triumph, der hat sich gewaschen! Mei noch stehn mer de Haare zu Berg vor lauter Egoismus! — Du weißt je, Baruch, was ich bin für ä förchterlicher Patriot von der gerechten Sache, daß Deutschland is so gedrickt geworden von den Napoleon. Hör se angenehmer Baruch! Mainst Du es wär gewesen en Einzug, as wie der Arzherzog Carl mit seinen Husaren is gallopirt dorch Werzburg? Gott behits! — Ganz stattlich sein se herein-getriumphirt und da hats gegeben su Paris ä Geschrei, ä Ge-timmel un Gewimmel, als ob der Messias sei gekümmen. Mei was willst Du sagen, Baruch! ich bin mit getriumphirt mit Letzanders Pedage un alles geschrieen uf franschösisch — Vivat leben de Erretter und alle Borbons! Des Volk hat sich ge-schangirt — süll ich leben! as ob mer de Wollte schlägt. Den gewaltigen Napoleon von Metall haben se umgeperzelt und ent-zwei gerungenirt, daß is dir gewesen ä Schand' und ä Spott. As sie en hätten stehn laßen, bis er wäre geworden alt und antik, se hatten können daraus lösen ä schönes Geld, er hat ge-wogen viele Millionen Centr. Aber hör zu Baruch! As alles is gewesen im reinen, is noch gekummen der Kaiser Franz, ä braver Herr, ä solider friedfertiger Herr, hat er angehabt a weißen Frack oder is gewäsen ä Leibröckel, was weiß ichs, und rothe Hosen hat er angehatt, er hatt ausgesehn wie der ewige

Frieden von Emanuel Kant (Profeßor zu Königsberg). Is wieder gekummen der franzöſiſche König, ä lieber geſcheibter Herr, er is och wohl ä reicher Herr, ich weiß niſcht, der hat gelaßen alles in der alten Verfaßung, bis uf das was er hat abgeändert. Jetzt leb geſund im Leib, mein angenehmer Freund. Ich bin ganz voll vom Vorgefühl zukünftiger Vergangenheit.

Hirmit hör ich auf zu ſchließen und verbleibe

Dein getreuer

B. Hirſch.

Selbſtentſchuldigung.

Das Fräulein N. kam nieder,
Und rief: „Ein Mägdelein!
Stellt Euer Läſtern ein!
Da iſt die Unſchuld wieder!"

Geſtändniß.

„Mein ſel'ger Gatte war ein würd'ger, lieber Mann!"
Sprach Lucia, — „das ganze Städtchen kann
Dies Zeugniß ihm noch in der Erde geben." —
„Ja, rief ihr zweiter Mann, der in der Nähe ſtand,
Ja, meine Frau hat recht, ſo giebt's nicht viel im Land,
Ich wollte ſelbſt, er wäre noch am Leben."

Geſpräch beim Schachſpiel.

A. „Sprich, Freund, warum gab man den hohen Namen
Der Königin im Schach dem beſten Officier?"
B. „Je nun, wer macht, auf dieſer Erde hier,
Der Schöpfung Könige wohl öft'rer matt, als — Damen?"

Die Ausforderung.

In einem Schauspielhause band
Einst ein französischer blutjunger Alexander
Mit seinem Nachbar an, der ihm im Wege stand.
Die Herren, beiderseits sich völlig unbekannt,
Wortwechselten ein Weilchen mit einander,
Und endlich forderte, so kalt auch Jener blieb,
Der Martissohn ihn auf den Hieb.

Sie trafen sich am nächsten Tage
In einem Wäldchen bei Paris,
Wo der Geforderte sich auf des Gegners Frage,
Warum er keinen Degen trage,
Mit kühlem Ernst vernehmen ließ:
„Ich bin bereit, Sie aus der Welt zu schaffen,
Doch mit Bedingung andrer Waffen."

Er zog hierauf ein Schächtelchen hervor:
„Das ist mein Zeughaus, Herr! Ich wäre wohl ein Thor,
Gäb' ich mein Lebenslicht, das man bei keinem Höker
Sich wieder kaufen kann, der fremden Klinge preis;
Ich bin ein frommer Apotheker,
Der nichts von Fechterkünsten weiß.
Doch ihre Todeslust zu stillen,
Gibt's kürzre Mittel in der Welt:

Hier zum Exempel sind zwei gleichgeformte Pillen,
Wovon die eine Gift enthält.
Sie wählen, welches Stück Sie wollen,
Und schlucken es heroisch ein:
Ich lasse dann den Rest in meinen Magen rollen,
Und Einer von uns wird im Nu des Todes sein. —

„Ihr Diener!" rief der Held mit Lachen:
„Wir wollen lieber Frieden machen."

— ❧ —

Vorwurf.

Alter Freund!

Das enge Verhältniß, in welchem ich mit Dir seit Jahren
stehe, rechtfertigt meine bittern Klagen über die kränkende Ver-
nachläſſigung, ſo mir von Dir ſeit der Zeit widerfährt, da Du
aus der Stadt einen ganzen Harem dürrer, gebrechlicher und
runzlicher Geſchöpfe mitbrachteſt. Denn, ſeit dieſer Zeit ſind es
nur die ärmlichen Dinger (die ſich für Spanierinnen und Amerika-
nerinnen ausgeben, aber weiter nichts, als hieſige Landdirnen
oder höchſtens Pfälzerinnen ſind), welchen Du das angenehme
Geſchäft, Dich zu unterhalten, gönneſt und mich, die ich ſonſt in
Ernſt und Scherz Deine getreue Geſellſchafterin war, in einen
dunkeln Winkel verſtoßen haſt, wo ich, im ſtummen Grame an
die Wand gelehnt, ein trauriges Opfer männlicher Untreue, ver-
kümmere. Iſt das der Dank für die vielen ſüßen Stunden, wo
ich, hangend an Deinen Lippen, ruhend an Deiner Bruſt, Dir
die Sorgen des Lebens verſcheuchte? Iſt das Vergeltung für die
Genüſſe, welche Deiner Eitelkeit wurden, wenn ich mit Dir in
Geſellſchaft trat, und nun mit neidiſchen Blicken die Augen
Deiner Freunde auf meiner glänzenden, täglich ſich verſchönern-
den Geſtalt ruheten? Hab' ich nicht auf der Jagd, auf der
Reiſe, oft Deine ſtarren Hände erwärmt, habe ich nicht unlängſt,
als Dir ein ſchnelles Geldbedürfniß über den Hals kam, mich
bei einem chriſtlichen Juden für Dich verbürgt! War ich —
Deine Vertraute bei allen Geheimniſſen des Lebens — nicht
immer verſchwiegen? Nahm ich je mehr, als Du mir gabſt?
Kam ich eher, als Du mich verlangteſt? Ach! Du liebteſt mich
ſonſt ſo warm und hüteteſt mich, wie den Apfel im Auge; Du
prieſeſt meinen Schwanenhals, und mein der Venus wohl-
verwandtes Köpfchen; Du opferteſt, als jüngſt der Polizeidiener
(Du weißt, unſere Liebeſtändelei auf offener Straße war verboten), mich von Deiner Seite riß, willig einen blanken Species-
thaler in den Rachen der nach mir ſchnappenden Gerechtigkeit:
Und jetzt? — Wie iſt es ſo anders! Du ſollteſt dein verlaſſenes
Liebchen ſehen, wie es täglich bleicher im Staub und in der Aſche
ſchuldlos büßet! Aber, Du ſiehſt es nicht. — Du hältſt feſt an
meinen häßlichen Nebenbuhlerinnen, den braunen Aſchenbrödeln,

die Dir oft Deine Kleider und Wäsche verderben, ja, oft mit Feuerküssen den Mund verbrennen, und durch zudringliche Lieb-kosungen Dir das Wasser in den Augen siedend machen. — Nun, so treibe Du es fort mit Deiner leichten Waare, bis der Ueber-druß oder das Augenweh Dich nöthigt, Dich wieder zu deiner alten Freundin zu wenden, Deiner harrenden Freundin, welche dann mit neuem Glanz erscheinen und — schnell durch Deine süße Liebe verschönert — den Schmuck Deines Lebens ausmachen wird. Doch geschieht dies nicht bald, so werde ich suchen durch Hülfe Deines Bedienten oder eines andern langen Fingers, aus Deinem Gewahrsam zu entrinnen und in die weite Welt zu gehen, wo es mir an einem Liebhaber wohl nicht fehlen wird, wäre es auch ein Reitersknecht.

Ade, Ungetreuer! Stets

Aus dem Winkel, am 1. Jul. 1836.

Deine alte, treue

Meerschaumpfeife.

❧ ❧ ❧

Der vortreffliche Mantel.

Liebe Tochter, was klagst Du so sehr
  Um diesen Einen?
's giebt ja der hübschen Jünglinge mehr,
  Laff' ab zu weinen!

Liebe Mutter, es fällt mir nicht ein,
  Um ihn zu klagen;
Um den Mantel klag' ich allein,
  Ich will's Dir sagen.

Ach, der gute Mantel, beschwert
  Mit silbernen Ketten!
Den behielt er noch unversehrt,
  Wenn den wir nur hätten!

Der Kater.

„Heh! guten Abend, liebes Weibchen!
Bist noch gesund?
Und hieltst Du, wie ein treues Täubchen,
Den Ehebund?" —
So kam, nach seiner rauhen Weise,
Der Ritter Franz von einer Reise,
Und sah, geplagt von düsterm Wahn,
Das junge Weiblein forschend an.

„Sei tausendmal willkommen, Lieber!"
Rief Klärchen aus.
„Doch ach! Du bringst Dein altes Fieber
Zurück in's Haus!
Wirst Du denn nie davon gesunden,
Und ewig mein Gemüth verwunden?
Wie schlecht wird Redlichkeit belohnt!
Du suchst Verrath, wo Treue wohnt." —

„Das wird sich morgen früh ergeben";
Antwortet' er.
„Von einem Zaubrer komm' ich eben
Deßhalben her.
Ich fragt' ihn, wie Du Dich gehalten;
Da malt' er gräuliche Gestalten
Auf drei Papierchen, klein und fein,
Und gab sie mir, wie Pillen, ein."

„Hat Klara", sprach er, „lose Sünden
Geheim gewagt,
So wird's ein Wunder Dir verkünden,
Wann's morgen tagt.
Du wirst von Ansehn und Geberden
Ein rabenschwarzer Kater werden,
Und bleibst vom Menschenthum getrennt,
Bis Klara ihre Schuld bekennt."

„Was sagst du zu dem Prophezeien? —
Ach! liebe Frau,
Mich wandelt's oft schon an, zu schreien:
Miau! Miau!
Die Maus, die sonst mir Graun erweckte,
Wann ich sie nur von fern entdeckte,
Die däucht mir jetzt das schönste Thier.
Ei, wäre flugs doch eine hier!" —

„O Gott! Du machst mir angst und bange!"
Schrie Klärchen auf.
„Du nährst im Busen keine Schlange,
Verlaß Dich drauf!
Doch welche Thorheit Deiner Mucken,
Die Hexenpillen zu verschlucken!
Verkatert Dich der böse Mann,
Ich bin fürwahr nicht Schuld daran!" —

„Kind, warst Du treu, was giebt's für Sorgen?"
Versetzte Franz.
„So flicht Dir ja der nächste Morgen
Der Tugend Kranz.
Jetzt, gutes Weibchen, laß uns essen,
Und jenes Zauberkrams vergessen!
Bring uns ein Fläschchen alten Wein,
Und dann getrost in's Bett hinein!"

Sie ruhten unter einer Decke,
Wie jede Nacht.
Der Ritter schlief in seiner Ecke,
Von Angst bewacht:
Denn jedes Spuk- und Zaubermährchen
Fand Glauben bei dem frommen Klärchen,
Und des Gemahls Verwandlung war
Ihr eine mögliche Gefahr.

Doch wichen ihrer Furcht Gespenster,
Da nichts geschah,
Als schon der Morgen durch die Fenster
Rothwangig sah.

Sie huschte von des Schläfers Seite,
Daß sie den Imbiß ihm bereite,
Und als daran nichts mehr gebrach,
Flog sie zurück in's Schlafgemach.

Welch Schrecken! An des Ritters Platze
Saß ernst und stumm
Ein rabenschwarzer Mann der Katze,
Und sah sich um.
Aufschreiend: „Ach, daß Gott erbarme!"
Schloß ihn schön Klärchen in die Arme,
Und drückt ihn voll Verzweiflungsschmerz,
Mit Thränen beichtend, an ihr Herz.

„Ach, Franz, mich straft des Himmels Ruthe
Nach Jahres Frist,
Weil da mich einst bei frohem Muthe
Dein Ohm geküßt! —
Nichts Schlimmers hab' ich zu bekennen,
Müßt' ich mich auch vom Leben trennen,
Und stände vor dem Herrn der Welt,
Der das Gericht der Seelen hält." —

Als sie, im Busen ein' Hölle,
So sprach und schwor,
Fuhr plötzlich unter'm Bettgestelle
Der Schalk hervor.
„Da bin ich!" rief er mit Gelächter.
„Vergieb, Du Stern der Erdentöchter,
Vergieb mir wunderlichem Mann
Den finstern Schwank, den ich ersann!

Der Gang zum alten Herenvater
War blos erdacht,
Und von der Reise ward der Kater
Still mitgebracht.
Wohl war sie hart, die Feuerprobe,
Die Du bestandst zu Deinem Lobe,
Doch Mißtraun, Wahn und Eifersucht
Schlug sie auf ewig in die Flucht."

Lied.

Mein frommes Mädchen ängstigt sich,
Wann ich zu viel verlange.
Die Angst der Armen macht, daß ich
Von Herzen mit erbange.

Schwebt unversucht alsdann vor mir
Der Wolluft süße Angel,
So härmt sie sich noch ärger schier
Und wähnet Liebesmangel.

So, hier und dort gebracht in Drang,
Erstiden unsre Freuden.
O Liebe, löse diesen Zwang
An Einem von uns Beiden!

Gieb, daß sie mich an Herz und Sinn
Zum Heiligen bekehre,
Wo nicht, daß sie als Sünderin
Des Sünders Wunsch erhöre!

Der Autor Trim.

Ihr fragt, warum der Schreiber Trim
Vor jedem Buch sein Bildniß weist?
Um darzuthun, es sei an ihm
Der Körper schöner, als der Geist.

Die alte Galathee.

O seht doch, seht, wie Galathee
Mit Schminken das Gesicht umziehet!
Sie gleichet einer Aloe,
Die erst nach hundert Jahren blühet.

Der Contract.

La Chatre hatte Herz und Sinn
Der zauberischen Buhlerin,
Der schönen Ninon, hingegeben,
Die Ihr vermuthlich Alle kennt;
Schnell muß er fort zum Regiment
Und fordert nun mit heißem Beben
Contract der Treu' aufs ganze Leben.
Miß Ninon lächelte und schrieb,
Da ihr nichts weiter übrig blieb,
Heiß, wie die höchste Flamme brennt,
Der treusten Liebe Testament.
Nun ließ der gute Mann sich trösten,
Besah das Blatt wie einen Zauberring
Und küßte sie und ihre Schrift und ging.
Doch kaum war er bei der Armee, so löften
Gemächlich alle Schwüre sich
Bei Ninon auf, und kurze Zeit verstrich,
So spielte sie die feuervolle,
Natürliche und allerliebste Rolle
Mit einem ihrer Weisheitsbrüder,
Die sie mit Chatre spielte, wieder.
Im allerwichtigsten Momente
Ergriff sie die Gewissenspein;
Der arme Chatre fiel ihr ein.
Sie rang voll Gluth die schönen Hände
Und rief im schönsten letzten Act:
Ach der Contract, ach der Contract!
Und damit ging das Stück zu Ende.
Nun trug man in dem Publikum
Den kläglichen Contract herum
Und lachte selbst an Ludwig's Hofe
Von der Prinzessin bis zur Zofe
Und sprach und spielte manchen Act
Von dem Contract.

Der schlimme Fund.

Zwei Freunde gingen über Feld;
Ein Pudel war dabei.
Sein Herr beschwor, daß in der Welt
Kein Thier so pfiffig sei.

Drauf warf er in ein Waldgesträuch
Ein blankes Thalerstück,
Und ging, sammt Freund und Hund, sogleich
Zur nahen Stadt zurück.

Dort rief er plötzlich: „Auf, geschwind!
Such, such, was ich verlor!"
Der Pudel stürmte wie der Wind
Die Stadt entlang vor's Thor.

Die Ohren flogen flügelhaft,
Und bald war er im Hain,
Doch traf hier auf der Wanderschaft
Ein Schneider früher ein.

Er hatte, hingestreckt auf Moos,
Des Silbers Glanz entdeckt,
Und, preisend sein glückselig Loos,
Den Fund schnell eingesteckt.

Nun kam der Bote keuchend an,
Und ihm verrieth alsbald
Sein wunderfeines Riechorgan
Des Thalers Aufenthalt.

Ein dummer Köther hätte wild
Den Finder angebellt,
Er aber dachte schlau: jetzt gilt
Verstellung in der Welt.

Er hofelt' ihm mit manchen Sprung,
Als wären sie bekannt,
Und küßte, wie zur Huldigung,
Scheinzärtlich ihm die Hand.

„O, bin ich nicht ein Glücksgenoß!
Welch schöner, neuer Fund!"
So rief der Bursch, und streichelnd schloß
Er froh den Freundschaftsbund.

Sie gingen, als die Sonne wich,
Selbander nach der Stadt,
Und aßen in der Herberg' sich
Von Einem Teller satt.

Dann legte sich der Wandersmann
Mit Sicherheit auf's Ohr,
Denn rüstig stand sein Jonathan
Der Kleiderwache vor.

Doch ruhte des Vertrauens Bau
Hier, leider! nur auf Sand.
Der Wächter stahl beim Morgengrau
Des Schläfers Beingewand.

Er bracht' im Fluge seinem Herrn
Den diebischen Gewinn.
Schlecht war die Hülse, gut der Kern;
Der Thaler steckte drin. —

Vom Lager fuhr mit Schreck und Wuth
Das Schneiderlein jetzt auf,
Und ließ um das geraubte Gut
Den Thränen ihren Lauf.

„Ha!" rief er, „dieser Streich ist neu!
Ich Gimpel muß gestehn,
Ich sah bisher die Gleißnerei
Nur auf zwei Füßen gehn.

Doch dieser schwarze Unglückstag
Prägt mir die Wahrheit ein:
Der Schmeichler ist ein Schalk, er mag
Zwei- oder Vierfuß sein."

Aufmunterung.

Mein junger Freund, Du willst vor Allen
Dem lieblichen Geschlecht gefallen
Und bittest mich, Dir beizustehn
Mit meiner Weisheit. — Könnte wohl geschehn;
Ich habe rechts und links sehr viel mich umgesehn.
Nur kühn gehofft! Du stehest schon in Gnaden?
Wem könnte wohl ein Wuchs wie Deiner schaden?
Die Schönen schließen tiefabstract
Mit ganz geheimem, feinem, sicherm Tact
Nach solchen festlichen Paraden.
Du bist beherzt, hast Deines Vaters Geld,
Und Geld, Du weißt, Geld ist der Kern der Welt;
Du reitest wie der wilde Jäger
Mit jedem andern Springinsfeld
Und schreitest trotzig wie ein Schläger;
Du plauderst wälsch, Du musicirst
Auf allen Lieblingsinstrumenten;
Wer widerstände den Talenten? —
Du fluchest prächtig, rabotirst,
Daß Du Dich oft in Deiner Gluth verlierst;
Du blickst gelehrt und kritisirst
Weit heftiger als zwanzig Recensenten;
Du bist belesen und hast Witz,
Mit Nasenton zu persifliren,
Und sprühest Funken wie der Blitz,
Man möchte den Verstand verlieren;
Dein Kraftgenie glänzt überall,
Im Kehlengang und an der Sohle,
In Mozart's Harmonieenfall
So wie in Vestris' Capriole;
Du kannst mit reicher Phantasie
Die Weiberphantasie umspinnen
Und mit des Liedes Melodie
Das Halbgewonnene gewinnen.
Auch bist Du himmlisch liederlich
Und der Lebendigste beim Feste,

Ein Hauptpunkt, Freund; denn freue Dich,
Der größte Wildfang ist der Beste.
Zu Deinem Glück brauchst Du nur wenig List;
Zu lügen brauchst Du keine Flamme,
Da Du, mit Dir in stetem Zwist,
Für alle Weiber Feuer bist
Von funfzehn Jahren bis zu Deiner Amme.
Was willst Du mehr? Gebrauche nur
Die vielen schönen Zaubergaben,
Womit verschwenderisch Natur
Und Schneiderei Dich ausgestattet haben;
Du findest keine bess're Spur.
Die Weiberwelt wird Dich verklären,
Und Du wirst bald Dich reich an Siegen sehn
Wie Alcibiades in Sparta und Athen,
Und brauchest weiter keine Lehren
Und kannst dabei auf jeden Fall,
Wie in der Welt fast überall,
Vernunft und Ehrlichkeit entbehren.

Die Mutter.

Strenge Phyllis, Dich zu küssen,
Dich ein einzig Mal zu küssen,
Hab' ich Dich nicht bitten müssen!
Und doch darf ich Dich nicht küssen.
Sagst Du? „Meine Mutter spricht:
Phyllis, Tochter, küsse nicht!"
Ist es so was Böses, küssen?
Liegt kein Trieb dazu im Blut?
Doch . . weg mit den schweren Schlüssen!
Lass' sie warnen! kurz und gut;
Was geht der die Mutter an,
Die selbst Mutter werden kann?

Das Lied vom Rocke.

(Parodie auf Schiller's „Lied von der Glocke".)

Auf der Tafel ausgebreitet
Liegt der schwarze Casimir,
Daß er bald den Stutzer kleidet,
Helft, Gesellen, rüstig mir!
　　Reibet, nähet, zupft,
　　Klopfet, bügelt, rupft,
　Daß der Rock euch Ehre mache;
　Doch der Schnitt ist meine Sache!

Zum Feierkleid, das wir bereiten,
Geziemt sich extrafeines Tuch;
Wenn Strich und Glanz die Form begleiten,
Dann that der Meister wohl genug.
So laßt uns ernstlich überlegen,
Was nöthig wohl zum Meisterstück;
Dem Pfuscher bringt es wenig Segen,
Hat er bei einer Arbeit Glück,
Das ist's ja, was den Schneider zieret,
Daß er mit kunstgeübter Hand
Stets einen guten Schnitt vollführet,
Und Dauer mit Geschmack verband.

Weib, du mußt uns Tücher bringen,
Doch sie müssen reinlich sein,
Laßt von Wasser sie durchdringen,
Schlagt den Casimir hinein.
　　Geht er nicht viel ein,
　　Wird's mir Nutzen sein,
　Giebt's vielleicht noch eine Weste,
　Nun, Profit ist ja das Beste!

Was in der Werkstatt die Gesellen,
Was Meister und was Lehrling schafft,
Es glänzet stattlich auf den Bällen,
Und wird oft neidisch angegafft.

Und ob's nicht mehr zum Prunke tauge,
Dient's ferner doch zum Negligee,
Stirbt unter Aktenstaub und Rauche,
Und dies thut dem Besitzer weh;
Denn an das so bequeme Alte
Band trauliche Gewohnheit ihn,
Er wünschet, daß es ewig halte;
Doch — wir verwelken, wie wir blüh'n!

   Weiße Linien zeigen richtig
   Mir der Scheere Laufbahn an,
   Der ist nur zum Meister tüchtig,
   Der sie treu verfolgen kann.
     Auch von Scharten rein
     Muß die Scheere sein,
   Daß sie sanft und leis hingleitet,
   Scharf den Casimir durchschneidet.

Denn mit dem ersten Höschen schmücket
Den kleinen Knaben Schneiders Hand;
Er ist von ihrer Pracht entzücket,
Und wirft die Kappe an die Wand;
Noch weiß er nichts von Nahrungssorgen,
Beim Spiel verschwindet ihm der Morgen
Indem er sich mit Andern neckt,
Schlägt's zwölf, dann ist der Tisch gedeckt.
Doch das verändert sich geschwind.
Vom Lehrling trennt sich der Geselle,
Durchläuft das Reich am Wanderstock,
Verläßt die väterliche Schwelle,
Heim kehrt er im zerriss'nen Rock;
Und stolz auf ihrer Reize Siege,
Sieht er, wenn auf die Wäsch' er geht,
Wie die, die sonst noch in der Wiege,
Die Jungfer Schwester vor ihm steht.
Da röthet brennend heißes Flammen
Des lüsternen Gesellen Kopf,
Er zieht den alten Rock zusammen,
Und ach, es platzt der letzte Knopf!

Er läßt die Brüderschaft im Stiche,
Sobald er nur Bescheid gethan,
Er folgt dem Mädchen in die Küche,
Und trägt ihr seine Liebe an.
O! möcht' er nicht zu Kühnes hoffen,
Der Fremde macht zwar oft sein Glück —
Schon wähnt er ihre Arme offen,
Da stößt die Strenge ihn zurück! —
O! daß sie stets so treu doch bliebe
Des Altgesellen ältre Liebe!

Wie die Formen sich gestalten!
Dieser Aermel paßt in's Loch,
An den Schößen bleiben Falten,
Das ist so die Mode noch.
Jetzt, Gesellen, frisch!
Setzt euch auf den Tisch,
Um das Große mit dem Kleinen
Ueberwendlich zu vereinen.

Denn wo der Kragen zu dem Rücken,
Wo Aermel sich und Klappen schicken,
Da ist die Arbeit brav und ächt.
Drum prüfe, wer das Maaß erfasset,
Ob auch das Stück zum Stücke passet!
Sonst klagt der Kundmann, und mit Recht.
Zierlich und wie angegossen
Sitzt des Burschen Sonntagskleid,
Laden ihn die Tanzgenossen
Zu der Kirmeß Lust und Freud.
Ach! der Kirmeß frühes Ende
Zeigt der letzte Kreuzer an;
Dann heißt's: Bursche, rührt die Hände,
Greift die Arbeit rüstig an.
Die Schänke ist zu!
Die Scheuer ist offen;
Die Geige hat Ruh;
Der Flachs wird getroffen;

Der Knecht muß hinaus
Auf holprige Fluren,
Muß ackern, muß rühren,
Und ernten und säen,
Erpassen, erspähen,
Darf nimmer verfehlen
Den Hasen zu stehlen.
Da ist so zufrieden der geizige Bauer,
Er macht es dem rührigen Burschen nicht sauer,
Zum Abendbrode verzehrt er den Raub.
Doch immer keifet
Die mürrische Alte,
Die Geißel der Mägde,
Und schimpfet auf alle
Im Keller und Stalle,
Und treibt's wie die Katzen
Mit Murren und Kratzen,
Und ringet ohn' Ende
Die knöchernen Hände,
Versteckt den Gewinn
Mit geizigem Sinn,
Und füllet mit Käse gar spärlich die Näpfe,
Und drücket die alternde Butter in Töpfe,
Und zählt, was die Mägde gesponnen bei Nacht,
Und hat auf die Bissen gar sorgliche Acht,
Und füget zum Geize noch schändliches Lügen,
Um zu betrügen.

Und der Alte bläst Wolken von Rauch
Aus des Sorgenstuhls schwellenden Polstern,
Klopfet behaglich den feisten Bauch,
Freut sich der neuesten Stadt-Gerüchte;
Sie verkünden ein Steigen der Früchte,
Will darauf sparen, und will es drauf wagen,
Erst bei dem höchsten Preis loszuschlagen.
Rühmt sich mit frechem Maul:
So wie des Grafen Gaul,

Stolz, geht im schönen Trab
Auch wohl mein Lieblings-Rapp!
Doch im schönsten Pferdestalle
Schläft wohl heimlich eine Galle,
Und die Druse wird oft schlimm.

Wohl, das Bügeln kann beginnen,
Netzt das Stück mit Wasser an,
Doch, um Ehre zu gewinnen,
Folgt genau des Striches Bahn.
    Blast, und gebt euch Müh',
    Daß die Kohle glüh';
  Zischend muß das Bügeleisen,
  Wenn ihr spuckt, zurück es weisen.

Ersprießlich ist des Feuers Macht,
Wenn sie der Meister nur bewacht,
Und wenn er Glanz und Form erschafft,
So dankt er's nur des Feuers Kraft;
Doch schädlich wird dieselbe Kraft,
Wenn Meisters Wachsamkeit erschlafft,
Er nicht der Hitze Maaß bedenkt,
Und was er mühsam schuf, versengt.
Wehe, wenn mit lohem Glühen,
Sengend ohne Hülf' und Rath,
Daß die Tücher Funken sprühen,
Sich das Bügeleisen naht!
Denn verloren ist das Mühen,
Hin ist Lohn für Schnitt und Naht.
Aus der Flamme
Strömet Segen
Uns entgegen;
Aus der Flamme, ohne Rath,
Schrecken naht!
Hört ihr's jammern in dem Haus?
Seht hinaus!
Hell und loh
Steht die Küche;

Das ist nicht natürlich so!
Und Gerüche
Steigen auf,
Dampf wallt auf!
Glühend springt des Speckes Masse,
Durch der Töpfe enge Gasse
Spritzt es fort im blinden Hasse,
Zitternd, und mit lautem Knallen
Bersten Töpfe, Tiegel fallen,
Schüsseln stürzen, Löffel klirren,
Kinder heulen, Hunde irren,
Katzen brennen,
Schreiend rennen
Hausfrau, Meister, Mädchen, Junge
Aneinander, und im Sprunge,
Denn die Angst giebt ihnen Flügel,
Nach dem Tiegel.

Ausgebrannt
Ist der Scherbe,
Der versengten Katze Erbe
Sind die fortgesprungnen Stücke,
Und für heute
Wird des Eierkuchens Freude
Nun uns nicht.

Einen Blick,
Stille Flüche
Nach der Küche
Schickt der Meister noch zurück; —
Schwingt rüstig dann auf's Neu die Nadel.
Was Weibes Dummheit ihm geraubt,
Ihm ist ja noch Ersatz geblieben,
Es sammeln Mittags seine Lieben
Sich froh um eines Herings Haupt.

Nun das Bügeln ist vollendet,
Alle Nähte schön und rein,
Nach dem Lichte hingewendet
Zeiget sich kein falscher Schein,
Jetzo frisch zur That!
Und die Kettelnaht
Muß dem Knopfloch Dauer geben
Für ein halbes Menschenleben.

Nicht bloß zum Prunk an Feiertagen
Erschaffen wir das Männerkleid,
Wohl oft vereinet Schmerz und Leib
Die Menschen hier zu herben Klagen,
Dann wird der Frack zum Trauerkleid.
Doch jedesmal steht nicht im Herzen,
Was weinend unser Auge spricht,
Wenn schlecht verborgen, durch die Schmerzen
Der frohen Erben Freude bricht.

, Von dem Thurme
Tönt herab
Lautes Rufen
Hin zum Grab;
Wie verschieden folgen die Gefühle
Oft den Särgen zum erreichten Ziele.

Ja, es ist die alte Tante,
Ja, es ist die Kinderlose,
Der der hoffende Verwandte —
Weggeführt aus diesem Lande,
Wo sie nur das Geld geliebt —
Freudig das Geleite giebt.
Die, so hoch sie auch bejahrt,
Stets den Reichthum aufgespart,
Und der Kisten alte Siegel
Sind gelöst auf immerdar,
Denn der Tod zerbrach den Riegel,
Der die alte Tante war;

Denn es fehlt ihr sorglich Wachen,
Ihre Mißgunst lebt nicht mehr;
Reich wird sie die Erben machen,
Und die Truhen werden leer.

Bis die neuen Knöpfe kommen,
Laßt die strenge Arbeit ruhn,
Und so würde es wohl frommen,
Auswärts gütlich sich zu thun,
  Da zu Lust und Freud'
  Blauer Montag heut!
  Folgt, Gesellen, euren Brüdern
  Hin zum Tanz und frohen Liedern.

Munter fördert seine Schritte
Der erst kürzlich Losgesproch'ne
Nach der lieben Kegelhütte.
Singend ziehen die Gesellen
Und der Mädchen
Aufgepußte, schmucke Schaaren
Kommen hüpfend
In die liebe Schänke schlüpfend.
Schwer herein
Schwankt der trunkne
Feierbursche; —
Ganz verwogen,
Stark verbogen
Steht der Hut, —
Und vergnügt im Doppel-Schottisch
Seine Wuth.
Mädchen fliehen aus dem Tanze,
Drohend um den wilden Trunknen
Sammelnd zürnend sich die Bursche,
Und verweisen ihm sein Toben.
Zorn bedecket
Seine Stirne,

Doch die Menge Brüder schrecket
Alles nicht,
Was vom Spiritus erwecket,
Aus dem Auge des Erregten spricht.

Wo der Fleiß blieb unvergolten,
Wo die Mühe ward gescholten,
Wo des Meisters ew'ger Tadel
Kränkte des Bewußtseins Adel,
Wo, anstatt mit Lobe labend,
Meister bietet Feierabend —
Wer verargt es dem Gesellen,
Wenn sich seine Adern schwellen?
Wenn er tobet? Wenn er fluchet?
Trinkend zu vergessen suchet?

Fünfzig fleiß'ge Hände regen,
Helfen sich im muntern Bund,
Unter ihren grimmen Schlägen
Sinkt der Trunkne matt und wund.
Endlich kommt der Altgeselle;
Zürnt, als er das Blutbad sieht,
Bietet Frieden auf der Stelle,
Und der Halberschlag'ne flieht.
Ruhe wird nun schnell im Saale,
Und die Tapfern lohnt Genuß,
Hier beim vollen Bier-Pocale,
Dort bei ihrer Mädchen Kuß.

Holder Friede,
Süße Eintracht,
Weilet, weilet
Freundlich stets in diesem Saal!
Möge nie der Tag erscheinen,
Wo betrunkne Handwerksburfche
Tisch und Bänke demoliren,
Wo den Köpfen

Hoch das Stuhlbein aufgehoben
Schrecklich droht,
Und der Leidenschaften Toben
Endigt nur im blut'gen Roth!

Löset nun die Anschlagfaden,
Ihre Absicht ist erreicht,
Die Verbindung ist gerathen,
Was nothwendig noch, ist leicht.
Zieht bedächtig, reibt
Daß kein Merkmal bleibt!
Wenn der Rock soll Ruhm verbreiten,
Darf kein Makel ihn begleiten.

Der Meister kann die Faden lösen
Mit weiser Hand, zur rechten Zeit;
Doch wehe, wenn sich Aermel, — Schößen
Vom ersten Halte selbst befreit!
Verwechselnd füget der Geselle,
Was er oft nicht erkennen kann,
An einer andern falschen Stelle
Und mit verlorner Mühe an;
Wo flücht'ger Anschlag treulos weichet,
Wird schwer Verbindung nur erreichet;
Wenn die Gemüther uneins sind,
Da walten alle Kräfte blind.

Weh', wenn sich in den edlen Zünften
Der Feuerzunder still gehäuft,
Die Willkühr in Zusammenkünften
Frech nach dem großen Worte greift!
Da muß der Obermeister schweigen,
Der Schreier Wort verdunkelt ihn,
Die ein Verlangen zu erreichen,
Vermessen lärmen, toll und kühn.

Werft ihn hinunter! hört man schallen;
Die Kunstverwandten sind empört.
Es sieht, verkannt, verhöhnt von Allen,
Der Obermeister sich entehrt.

Da ruft des Dümmsten laute Stimme,
Was Eifersucht ihm eingehaucht,
Die durstig nur nach Sieg, im Grimme
Wohl auch das schlechtste Mittel braucht.
Nichts gilt mehr, was so lang bestanden,
Da heißt's nicht mehr: „Mit Gunst," es schallt
Empörung! über alle Banden
Der Ordnung springet die Gewalt.
Gefährlich ist's, den Leu zu wecken,
Verderblich ist des Tigers Zahn;
Jedoch der schrecklichste der Schrecken
Ist der, wenn sich Soldaten nah'n.
Weh' denen, die die Pfeile spitzen
Und Andern zu verschießen leih'n,
Es wird nicht dem, nicht jenem nützen,
Die Polizei steckt Alle ein.

Jetzt, nach so viel tausend Stichen
Freuet euch, und ruhet aus!
Unter dieser Bürste Strichen
Tritt der Glanz so schön heraus.
Auch der Knöpfe Reih'n
Spielen lieblich drein,
Und des lichten Futters Schimmern
Hebt des dunkeln Rockes Flimmern.

Wie schön! wie schön!
Gesellen alle, kommt zu seh'n.
Laßt prüfend uns noch einmal späh'n,
Und keinen Fehler übergeh'n.
Zum Neid, zur Mißgunst unter allen seinen
Bekannten soll der Graf darin erscheinen.

Und dies sei fortan sein Beruf,
Wozu der Meister ihn erschuf!
Erhaben soll er stets im Leben,
Durch Rang des Kundmanns hochgestellt,
Von einem Sieg zum andern schweben,
Und glänzen in der feinen Welt.

Soll bei der Lichter hellem Funkeln,
Auf Bällen und in Assembleen
Stets jeden andern Rock verdunkeln,
Und so des Meisters Ruhm erhöh'n.
Doch seinem schönen Herrn zu nützen,
Sei immer ihm die erste Pflicht,
Bei Frauen ihn zu unterstützen
Durch Zierlichkeit, versäum' er nicht;
Er schaff' ihm Raum in dem Gedränge,
Durch seine Pracht, denn schüchtern weicht
Erschreckt der Molkendiebe Menge,
Sobald der Schwalbenschwanz sich zeigt.
Und treibt die Mode, stets verdrängend,
Vom Schauplatz einst auch ihn zurück,
So bleib' er doch, im Schranke hängend,
Erinnerung an Freud' und Glück.

Reicht den Teppich mir, Gesellen,
Schlagt das Kunst-Product hinein,
Und ich trete nun im schnellen,
Stolzen Schritt beim Grafen ein.
Bald tönt überall
Unsers Ruhmes Schall!
Heut' noch sei's im Tanz-Vereine,
Wie der Rock zuerst erscheine.

Collegialische Freundschaft.

Verlieren sollte Staps, der Wuch'rer, sein Gesicht:
Die Aerzte legten ihm Blutigel an die Augen.
Allein, die Thiere wollten nicht
An ihres Gleichen saugen.

An einen Versler.

Die erste Würze, die in deine Verse kam,
War, als ein Krämer sie zu Pfefferdüten nahm.

Die Dichterin.

Hulda dichtet! — Schweiget, Himmelssphären!
Schwacher Nachhall ist der Engel Sang
Gegen ihre Töne, dieser hehren,
Kühnen Poesien Zauberklang.
In die Harfe greifet, goldbespannt,
Ihre hohe, wenn auch schmuh'ge Hand. —

Hulda dichtet! — und in Liliendüfte,
Und in Rosenzauber kleidet sie
Fernster Auen holde Himmelslüfte;
Alles spricht und athmet Poesie;
Alles kleidet sie in Versetalt;
Nur die eignen Kinder gehen nackt.

Hulda dichtet! — Ihre Seraphsworte
Gießen Trost in jede Leidensbrust; —
Sprengen selbst des Orcus Schauerpforte,
Wandeln jeden Schmerz zur Himmelslust.
Tausend Thränen trocknet ein Gedicht;
Aber ihre Wäsche trocknet nicht. —

Hulda dichtet! — und ihr Geistesflügel
Führt sie in der Fabel holden Wahn;
An der Bäche hellen Silberspiegel,
Wo sich Nymphen, auf krystall'ner Bahn,
Tändelnd waschen an beblümter Flur.
Doch sie selber wäscht sich selten nur. —

Hulda dichtet! — und ihr Himmelsfeuer
Zeigt dem Zweifler die Unsterblichkeit;
Hebt vom Ganzen kühn den ersten Schleier,
Welcher Wiege deckt und Ewigkeit. —
Nur dem Ganzen — tönt ihr Saitenspiel;
Aber Löcher hat ihr Hemde viel. —

Hulda dichtet! — und in ihr vereinet
Sich des Himmels und der Erde Glanz.
Alles, was sie ist und was sie scheinet,
Ist sie nur vollendet, ist sie ganz.
Das Vollkommenste an Seel' und Leib;
Nimmer aber was sie sein soll: Weib. —

Freundschaftliches Dienstverhältniß.

„Haben's denn schon gehört, Herr Postmeister?" — „Nein,
was soll ich denn gehört haben?"' —'„Ich hab' gehört, daß der
Postillon in Katzenhausen nicht mehr durch die Stadt blasen
darf." — „Kein Wort hab ich gehört. Die Dienstsignale soll
er nicht mehr durch die Stadt blasen dürfen?"' — „So hab'
ich gehört; der Bürgermeister soll es ihm verboten haben." —
„I was hat denn da so'n Malefizbürgermeister zu verbieten?
Da muß doch gleich — na und der Posthalter hat mir kein
Wort davon gemeldet. Da machens mal gleich einen Bericht,
Herr Secretair!"' — „Sogleich, Herr Postmeister, aber ich habe
nur noch ein Bedenken." — „Ja, was habens denn wieder für
ein Bedenken?"' — „Eigentlich darf doch auch der Postillon
nicht durch die Stadt blasen." — „Ja, warum denn nicht? Es
ist ja Dienstvorschrift."' — „Er muß durchs Horn blasen." —
„Sie, — Sie einfältiger, dummer Mensch, Sie postalisches Fell-
eisen Sie!"'

Bescheid.

König Friedrich II. ertheilte der Frau von Sp. in einer
erbetenen Audienz diesen Bescheid:
Fr. v Sp.: „Mein Gemahl begegnet mir wahrlich sehr
unhöflich."
König: „Das geht mich gar nichts an."
Fr. v. Sp.: „Aber, er lästert auch Ew. Majestät."
König: „Das geht Sie nichts an. Adieu!"

www.ingramcontent.com/pod-product-compliance
Lightning Source LLC
Chambersburg PA
CBHW030603270326
41927CB00007B/1027

* 9 7 8 3 7 4 2 8 6 8 7 7 0 *